筹码分布

揭密主力操盘手法

淘金客◎著

人民邮电出版社
北京

图书在版编目（ＣＩＰ）数据

筹码分布揭密主力操盘手法 / 淘金客著. -- 北京：
人民邮电出版社，2016.11
ISBN 978-7-115-43648-1

Ⅰ. ①筹… Ⅱ. ①淘… Ⅲ. ①股票投资－基本知识
Ⅳ. ①F830.91

中国版本图书馆CIP数据核字(2016)第229287号

内 容 提 要

本书共8章。第一章介绍了与筹码相关的基础知识、典型的主力操盘手法以及针对操盘过程介绍筹码的转变特点；第二章和第三章分别介绍了主力操盘时筹码表现和价格运行情况，以及围绕筹码和价格变化，可以确认的买卖时机；第四章到第八章针对主力操盘的建仓、洗盘、拉升和出货动作分别介绍了买卖点。

本书最大的特点是以主力操盘过程为主线，通过分析价格变化期间的筹码形态，为投资者详细讲解买卖时机。在分析主力操盘过程的时候，本书为投资者提供了最贴近实战的案例解读，若实践中配合最典型的筹码形态和有效的买卖策略，可以获得非常高的收益空间。

本书为投资者提供了以主力操盘和筹码变化为核心的交易策略，通过学习，投资者可以实现从新手到高手的转变，轻松提升盈利空间。

◆ 著　　　　淘金客
　　责任编辑　郑冬松
　　责任印制　周昇亮

◆ 人民邮电出版社出版发行　　北京市丰台区成寿寺路 11 号
　　邮编　100164　　电子邮件　315@ptpress.com.cn
　　网址　http://www.ptpress.com.cn
　　北京天宇星印刷厂印刷

◆ 开本：700×1000　1/16
　　印张：12　　　　　　　　　　　2016 年 11 月第 1 版
　　字数：192 千字　　　　　　　　2025 年 10 北京北第 36 次印刷

定价：49.80 元
读者服务热线：(010)81055296　印装质量热线：(010)81055316
反盗版热线：(010)81055315

在跟随主力买卖股票的时候，投资者都认为能够把握主力操盘动向是最关键之处。其实，价格走势是主力投资者和散户共同作用的结果，而主力投资者更能够集中资金优势买卖股票，对价格运行的影响也更大。作为散户，把握好主力操盘的脉搏非常重要。如果散户能够熟知主力操盘不同阶段的特征，就能够看清楚主力操盘阶段的价格运行规律。这样一来，关于股票买卖的交易过程就容易多了。

那么通过什么来确认主力的操盘过程呢？可以有量价分析和各种不同的技术指标，用以确认主力操盘流程。不过在众多指标中，我们更加关注筹码形态和筹码的转移趋势。量价分析等技术分析手段虽然简便易懂，但是用来判断主力成本分布和操盘过程就显得捉襟见肘了。在确认主力持仓成本的方法中，最直观的还是筹码形态。筹码分布在不同价位，我们能够一目了然地确认成本分布特征。如果主力已经大量建仓，那么在筹码形态上一定会得到体现。筹码上显示的主力持仓成本的分布区域，便是我们认为必须关注的持仓成本区。按照主力持仓成本和成本转移趋势，作为散户投资者同样能够在相似的价格上完成相同的操盘过程，为今后获得收益做好准备。

实际上，筹码分布图反映了投资者的总体持仓成本，而筹码转移过程是投资者持有个股成本的变化趋势。筹码集中分布的时候，说明投资者的持仓成本集中，反映出投资者的盈亏状态非常相似。而筹码发散分布的时候，说明投资者的盈亏状况出现明显改变。越低于当时价位的筹码，相应的盈利空间也会越大。而高于当时价位的筹码处于亏损状态，则是持股被套牢的表现。

既然筹码分布是投资者总体持仓状况的反映，那么筹码中必然包含有主力和散户投资者的筹码。确认主力的持仓成本以及散户的买入股票价位，我们可以判断自身的建仓价位是否有优势。如果是具备低价建仓优势的持股，那么在回升趋势中即使我们早一些卖掉股票，相比其他投资者也不会少获利。

在实盘股票交易中，我们通过筹码确认主力投资者和散户的持仓成本，目标就是要战胜资金主力。主力建仓阶段，我们需要以相似的价位买入股票。而在主力出货阶段，我们要尽可能获取更高收益，同时又不会在主力出货以后遭受损失。那么问题来了，如何交易才能战胜资金主力呢？从筹码分布和筹码转移规律来看，我们不仅要掌握主力的持仓成本，还要在筹码转移趋势上认识主力的操盘步骤，从而形成自己的一套交易计划。

从筹码规模看，大规模的筹码分布总是有主力介入，而我们需要摸清主力建仓阶段的筹码分布位置。当确认了筹码分布的价位以后，根据情况买入股票，这样就可以等待从回升趋势中获利了。而主力操盘的拉升阶段和出货阶段，筹码向高位转移的信号同样值得关注。在低位筹码主峰向高位筹码峰转换的过程中，是主力投资者在高价区减仓以及散户高位接盘的结果。同时，高位区筹码峰出现意味着主力转移筹码获得成功，价格即将出现回落走势。我们作为散户，在跟随主力交易股票的过程中，确认主力投资者有出货动作以后，卖出股票获得收益自然能够避免损失出现。

当然，我们可以通过筹码分布确认主力和散户的持仓成本，也可以通过筹码分布确认支撑和压力位。筹码峰形态提供的支撑位是典型的买点位置，价格回调筹码峰对应的价格，通常是买点出现的时刻。对于价格高位区，股价反弹至筹码峰对应的价位，通常是压力形成的时刻。既然筹码峰位置压力较大，我们在股价反弹至压力区以后减少持股，这对于降低亏损非常重要。

总的来看，筹码形态反映了主力的持仓成本以及操盘方向，是我们获取交易信号的重要形式。围绕筹码分布和筹码转移趋势买卖股票，是本书研究的重点。同时，为了给散户投资者提供更有效和更直观的交易形式，我们将筹码和主力操盘过程结合起来分析。以主力投资者的操盘节奏来买卖股票，我们在获取投资者持仓成本的同时，也完成了股票交易过程。

目录

第 1 章 | **主力操盘与筹码转移**

第 2 章 | **主力操盘在筹码上的体现**

第❸章 ｜ 主力操盘时价格异动

第❹章 ｜ 主力建仓阶段抢筹方式解读

第❺章 ｜ 主力洗盘阶段筹码转移趋势解读

第 **6** 章 | **主力拉升阶段筹码转移趋势解读**

第 **7** 章 | **主力出货阶段卖点解析**

第 **8** 章 | **下跌阶段提供强支撑的筹码形态**

第1章
主力操盘与筹码转移

　　任何一只股票行情出现的时候，都是筹码转移的结果。主力投资者资金量较大，在买入和卖出股票的过程中，伴随着筹码的转移以及价格涨跌走势。在确认筹码转移的过程中，我们也掌握了价格运行的趋势。从成本的角度来看，我们把握好主力操盘期间筹码转移趋势，就获得了主力持仓成本的信息。同时，在筹码转移期间，我们确认了筹码转移趋势，也就掌握了操作方向。关注筹码转移，我们主要是看中主力投资者的持仓价位变化，这样就可以战胜主力获得更高收益。

　　本章主要讲解筹码和主力操盘这两个不同的概念，以及主力操盘和筹码转移之间的联系。确认了这种联系，我们就有机会获得较高的盈利空间。

1.1 筹码与投资者持仓成本

价格涨跌受到投资者买卖股票影响，成交价越高股价回升趋势越好。相反，成交价格不断降低的时候，股价处于下跌趋势，价格越跌越低。价格涨跌与投资者的盈亏状况有最直接的关系，盈利的投资者会考虑高价抛售股票，亏损的投资者会在价格下跌的时候割肉减仓。盈利投资者持仓成本较低，更能适应价格高强度波动，因为持仓成本低意味着盈利空间大，投资者买卖都游刃有余。亏损的投资者则不同，这部分投资者的持仓成本较高，会在价格下跌期间更为谨慎地持股，甚至在价格超跌的时候低价抛售股票，使得股价继续大幅下跌。

鉴于投资者持仓成本对买卖的影响很大，我们确认多数投资者的持仓成本有助于把握价格运行期间的买卖强度，这对于确认价格趋势有很大帮助。

在实战当中，一只股票的筹码分布可以有主力和散户两种筹码分布形态。主力持仓成本通常比较低，是具有竞争优势的低位筹码分布形态。而散户投资者更喜欢短线交易股票，因此持仓成本通常比较高。一般地，浮筹区域的筹码多数为散户投资者买入股票的成本区。散户投资者的筹码分布价格通常较高，因此在行情出现波动的时候，散户投资者更可能处于不利的低位。而股价波动期间的追涨杀跌交易形成，通常都是散户投资者买卖股票的结果。

1.1.1 筹码体现的散户成本

追涨杀跌是很多投资者会有的交易方式，该交易方式通常不会因为投资者不同而出现变化。散户投资者更容易以追涨杀跌的方式交易股票，这在筹码上表现为大规模移动的筹码形态。由于筹码移动规模较大，筹码移动速度很快，受到价格涨跌影响也会更大。

通常，散户投资者的持仓成本集中分布在不同的价位。在价格回升期间，成本集中在比较高的价位。如果散户投资者追涨资金较大，大量筹码会集中分布到价格顶部。在量能无法继续放大的时候，追涨后形成的筹码通常不容易获得收益。鉴于散户投资者的筹码分布比较零散，并且更多地分布在价格高位，所以我们确认价格回升趋势延续的时间，通常可以从筹码转移的规模来发现。如果低位筹码转移到价格高位，那么低位主力的持仓成本已经转移完毕。在接下来的时间里，散户投资者主导价格走势，股价自然容易见顶回落。

形态特征：

散户投资者买卖股票并不一致，有很强的无规则性。从持仓成本来看，散户投资者的持仓成本可以分布在连续发散的不同价位上。股价脉冲放量上涨阶段，是散户投资者资金流入的时刻。确认散户投资者的持仓成本并不困难，只要我们确认移动速度最快的筹码位置就可以了。

1. **筹码零散分布**：散户投资者买卖股票不容易形成一致的买卖效果，反应在筹码形态上，表现为零散分布的特征。不同价位上都会存在高抛和低吸的短线交易者的筹码，这些筹码多数是散户投资者的持仓筹码。

2.筹码所在价位较高：通常在价格回升期间，短线交易的特征使得散户投资者的持仓成本较高。不论何时，散户投资者都会有买卖股票存在，使得投资者整体的持仓成本高位运行，这是散户筹码的共同特征。

3.移动速度很快：移动速度快是散户筹码的重要特征。因为短线交易的存在，因此散户投资者的筹码转移速度很快。短时间内已经出现的筹码成本区，可以在价格明显回升的时候快速转移到不同的价位，这便是筹码转移的结果。

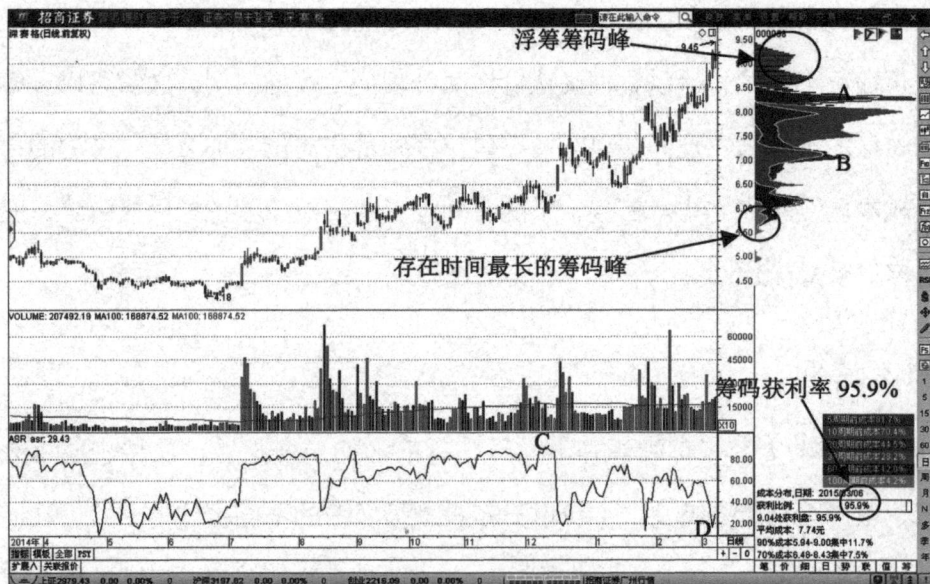

图1-1　深赛格日K线图

操作要领：

如图1-1所示。

1.从价格运行趋势来看：当我们确认价格处于回升趋势的时候，通过确认价格筹码分布趋势，我们可以轻松发现散户的持仓成本区。股价从低位回升以后，图中A和B位置的筹码主要是散户持仓成本。散户投资者追涨买入股票的特征比较明显，从筹码形态上来看，表现为典型的高位接盘的筹码峰形态。其中，B位置的筹码规模稍小，A位置的筹码规模较大，说明价格涨幅越高，散户投资者追涨热情也越大。

2.从浮筹指标ASR表现来看：通过分析浮筹指标ASR运行规律，我们可以发现C位置的浮筹处于非常高的80以上区域，这是浮筹较大的信号。随着股价回升空间加大，股价不断脱离高浮筹区域，ASR指标在D位置达到比较低的20附近。结合该股的飙升走势，我们不难想象股价进入稳步回升趋势。真正价格短线涨幅较大，才使得价格远离高浮筹价位。

3.从筹码获利率来看：图中股价大涨以后的筹码获利率为95.9%，表明多数投资者处于盈利状态。该股表现非常强势，我们可以确认的散户投资者的持仓成本区为图中的B位置小规模筹码区，以及图中A位置的大规模筹码区域。

总结

在实战当中，我们通过筹码形态确认散户投资者的持仓成本，特别是在价格回升阶段，主力投资者拉升股价上涨，散户充当了短线介入者的角色。既然是追涨买入股票，体现在筹码形态上为高位持股状态。本例中，筹码形态表现为A和B两个位置的筹码密集分布区域，这也是散户投资者重要的持仓价格区。在确认散户投资者的持仓成本以后，在实战当中，我们跟随主力操盘胜率会更高。因为散户投资者的数量较大，持仓成本对价格表现的影响也同样不可小觑。我们确保随时掌握主力和散户投资者的持仓成本变化，从而能主动获取收益。

1.1.2　筹码体现的主力成本

一般认为，主力投资者是中长期投资者，对应的持仓成本变化不会很大。尤其是在股价涨幅不高的情况下，主力投资者的持仓筹码可以非常稳固地存在于价格低位。主力投资者持有大量资金，买入股票的数量也很多，不会因为股价出现一些小的涨幅而大量抛售股票。主力投资者短线买卖股票的成本更高，并且无助于获得高收益。

对于中小盘股票而言，主力投资者大量资金进出对价格影响很大。如果主力投资者打算卖出股票，一定会选择活跃时段出货。所谓活跃时段，就是在价格涨幅较大的情况下，散户追涨买入股票高涨的时刻。这个时候出货，不怕没有散户接盘，更不用担心对价格走势产生重大影响。

从股价回升期间的筹码分布来看，我们可以在价格回升前就确认筹码密集区的主力持仓成本价。股价进入放量上涨阶段以后，相应的主力持仓成本并不会出现明显变化。随着价格稳步回升，我们可以发现低位主力持仓筹码正在缓慢减少。但是只要股价还未加速上涨，或者说价格还未出现典型的见顶信号，低位筹码峰就不会完全消失。在主力投资者操盘的情况下，股价可以始终处于回升状态。直到主力投资者高位出货以后，价格才会进入调整阶段，相应的类似单边下跌的走势才会形成。

形态特征：

1.筹码集中度较高：在价格低位调整阶段，我们会发现筹码集中度不断提升，这是主力投资者不断吸筹的结果。只要主力投资者吸筹没有结束，价格调整就会得到延续，而筹码集中度也在这个时候不断提升。价格回升以后，主力持仓的筹码集中度依然很高。只要股价涨幅不大，主力投资者就不会轻易减少持股数量。可以说，低位筹码集中度处于相对高位，这有助于价格实现更大涨幅。

2.筹码存在于价格低位：价格处于低位的时候，主力投资者会抓紧时间获取筹码。从筹码形态上看，低位筹码峰会明显存在。主力投资者从来都不会追涨买入股票，而是在价格还未启动的情况下低价买入股票。在股价上涨的过程中，我们可以发现低位区存在稳定的筹码形态，这是主力低价稳定持仓的结果。

3.筹码转移速度比较慢：在股价脱离调整区域的同时，我们会发现筹码也在向上转移。筹码转移的过程同时也是股价回升的过程。即使主力投资者在价格上涨期间抛售股票，数量也不会很大。只要低位区的主力筹码稳定存在，股价进一步的上涨就不会结束。

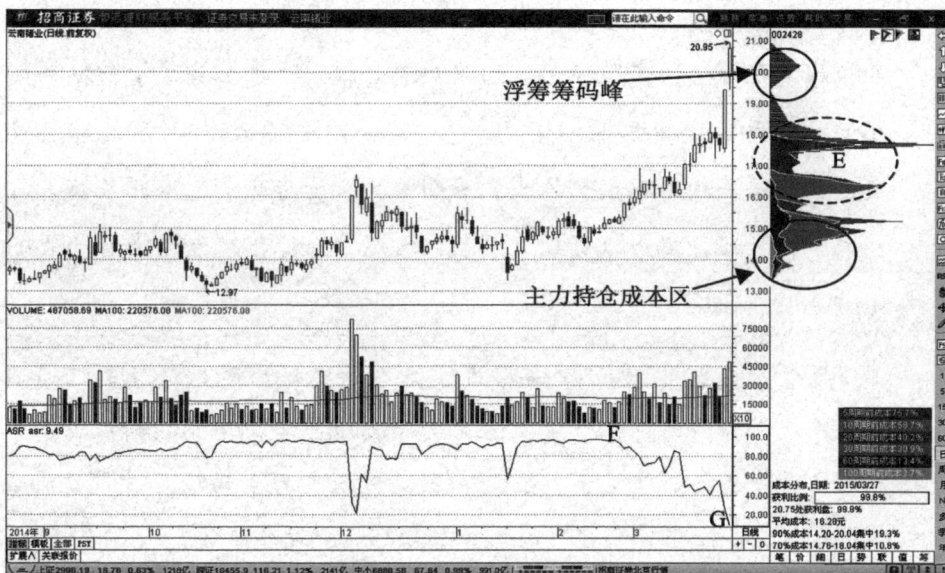

图1-2　云南锗业日K线图

操作要领：

如图1-2所示。

1.低位区筹码集中分布：在价格脱离低位区的时候，我们可以发现浮筹指标ASR从F位置回落至G位置的底部。在低位主力持仓成本区里，筹码分布非常集中。相对于价格高位浮筹区域，底部区域筹码更加稳固地存在于价格低点。可以说，主力低位筹码是支撑价格上涨的重要因素。主力投资者稳定持股，有助于减少抛售压力，增加股价上涨的潜力。

2.高位浮筹区域零散分布：价格高位区的筹码为浮筹筹码，是散户投资者追涨获得的筹码。图中高位浮筹区域明显刚刚形成，相对于低位主力的筹码要零散得多。虽然该股涨幅较大，价格低位区的主力持仓成本不仅集中而且稳定存在着，这对于价格上涨非常重要。

3.筹码转移速度比较慢：在股价上涨期间，我们可以看出低位区筹码向价格高位转移，高位浮筹区域筹码数量较少，更加接近主力持仓筹码的位置筹码数量更多。主力持仓筹码向图中显示的E位置转移数量更多，价格高位筹码数量很少，表明主力投资者减仓速度并不快。价格大幅飙升前，主力出货数量不多，这对于股价回升来说是个好事。

总结

当股价刚刚脱离低位筹码区的时候，筹码转移规模还比较小，主力投资者不会因为价格小幅上涨而大量抛售股票。因此，价格回升趋势也将得到延续。实际上，股价上涨更多是主力主动拉升股价的结果。如果是这样，那么价格一定会在上行趋势中延续涨势。

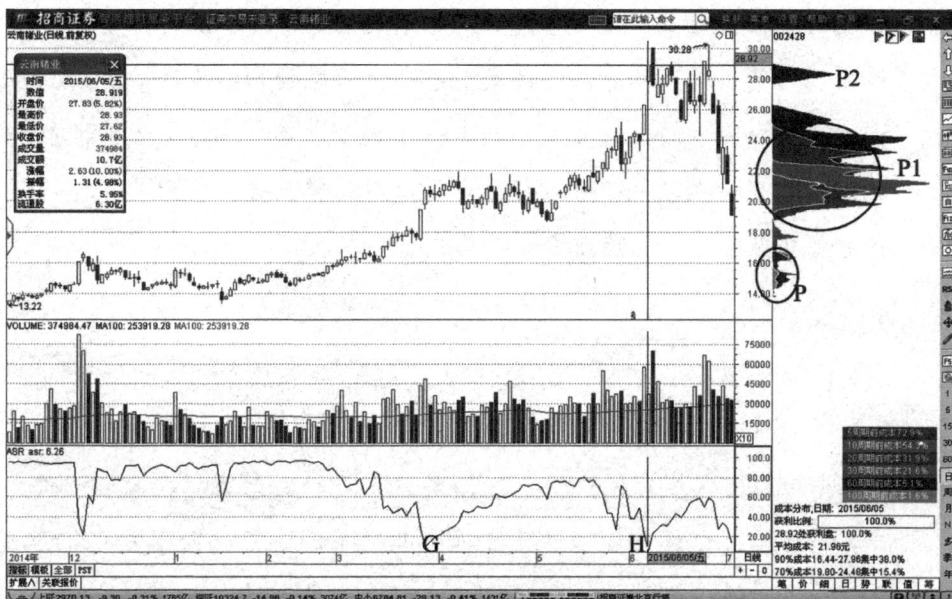

图1-3　云南锗业日K线图

操作要领：

如图1-3所示。

1.股价加速脱离筹码峰：当浮筹指标回调至G位置的时候，我们发现股价经历了一次明显的回升走势。而ASR指标第二次回调的时候，指标调整到图中H位置的低点，该股连续两个涨停后见顶。从这个时候的筹码形态来看，低位筹码区P位置的筹码规模已经明显减少，而高区散户投资者短线还未明显追涨，因此P2位置筹码规模也不大。图中P1位置筹码规模最大，是价格加速回升阶段散户追涨所致。

2.主力投资者减仓数量较大：虽然价格高位筹码规模还不是很大，但是P位置对应的主力筹码数量已经明显减小。这样看来，主力持续做多意图并不明显。特别是在价格大幅上涨以后，低位筹码数量减少表明主力已经大量出货，价格因此进入顶部蓄势阶段。

3.股价进入显著回调阶段：当P位置筹码峰显著减少以后，该股的价格高位连续出现两根涨停大阳线形态。主力在最后一次诱多中减少持股，调整时间不长，该股就已经大幅下跌。从高位29元上方下挫至20元以下。主力在拉升股价以后成功将筹码转移到散户手中，该股的见顶走势正是在散户高位接盘后开始的。

总结

在实战当中，我们通过确认主力低位持仓筹码变化来确认价格回升的潜力。只要主力投资者持仓稳定，筹码上必然体现为规模较大的筹码峰形态，这个时候价格上涨趋势就不会轻易结束。在确认股价见顶的时候，主力投资者拉升股价诱使散户高位追涨。主力投资者将低位筹码转移到价格高位的散户手中。由于接盘者很少，股价自然会出现见顶回落走势。可见，确认主力投资者的筹码形态和分布价位以后，我们就能够更好地适应价格波动，在尽可能大的价格区间里获取利润。

1.2 主力利用资金优势操盘

从主力操盘的手法来看，不管是打压还是拉升股价，都会动用比较大的资金。正是因为主力投资者拥有远大于散户的资金优势，他们才能在资本市场呼风唤雨，促使股价按照资金的意愿运行。在实战当中，我们可以通过分析主力资金进出的变化，来确认主力的操盘动作和操盘意图。如果我们能够根据资金进出掌握主力的操盘节奏，那么确认主力投资者的操盘思路就不再是难事了。随着操盘的进行，我们能够发现主力投资者的中长期操盘策略。在跟随主力操盘的过程中，我们做出类似主力投资者的买卖动作，虽然在交易时间上有先后顺序，但是从投资效果上未必不是最好的。

在主力投资者确认操盘以后，资金进入某只股票的过程会比较长。并且，即使主力想要拉升股价上涨，也需要不断地运作才行。拉升股价期间的抛售压力是主力投资者不得不面对的事，而操盘过程自然是曲折和反复的。在资金流入和量价不断增长的过程中，我们作为散户投资者，完全有时间掌握主力的资金优势强弱，确认主力的持仓成本和操盘策略，从而以更主动的交易形式战胜主力投资者，获得投资收益。

1.2.1 超大单抢筹建仓

在超大单资金流入的情况下，主力操盘会更加得心应手。在实战当中，我们会发现股价处于比较活跃的状态，这通常都是主力超大单资金流入的结果。特别是当价格处于熊市行情的时候，如果主力动用超大单资金买入股票，必然会给冷清的成交带来活跃气氛。在价格被短时间内拉升的时候，会吸引大量散户投资者追涨买入股票。所以从短线来看，股价将很快处于活跃状态。

在价格低位，由于散户投资者参与股票买卖并不踊跃，即使主力投资者动用大笔资金买入股票，价格也不会很快进入稳定的回升趋势中。在低位区的主力大单抢筹动作出现的时候，股价更容易出现持续时间较短的脉冲行情。股价在短时间内冲高，又在比较短的时间里回落。股价高强度的波动主要是主力资金介入的结果，与散户投资者的买卖动作关系不大。

如果我们判断股价已经处于脉冲波动阶段，那么我们应该将重点放在资金流入的分析上。通过超大单资金的流入，我们会发现主力投资者很可能已经短线快速介入。如果超大单资金流入非常显著，我们可以得出主力正在操盘的结论。

当价格处于低位区的时候，我们认为主力投资者的超大单抢筹主要是为了收集筹码。价格本身就不高，主力投资者没有必要在买入股票以后就抛售。建仓完毕以后，主力投资者会在中长期趋势中操盘。散户投资者认为的超短线或者短线交易的做法，通常不会出现在主力的操盘菜单中。主力收集筹码是为了今后更大幅度的盈利，简单的十几个点的涨幅难以满足主力投资者的胃口。更何况，主力投资者资金量较大，进出个股对价格走势影响更严重。这样的话，主力在中长期操盘就很有必要了，这样做能够减少对价格走势的短期影响，有助于主力投资者低买和高卖的交易过程。

形态特征：

1. 低位脉冲超大单频繁出现：当价格低位区出现了脉冲超大单的时候，我们认为只有主力资金才能够在短时间内大量买入股票。从超大单资金的流入看，单一一个交易日的资金流入越多，相应的主力抢筹动作越迅猛。主力投资者抢筹阶段不会给散户投资者任何机会。散户投资者只会在股价飙升阶段获取短线收益，而主力投资者却可以利用散户的高抛出货提高持股数量。

2. 股价经历弱势调整阶段：当超大单抢筹的动作完成以后，主力投资者还不急于拉升股价，此时个股会经历一段时间的弱势调整。在弱势调整阶段，资金流入并不显著，价格走势也比较稳定。如果我们确认股价处于弱势调整阶段，那么我们就有机会以低于主力持仓成本的价格买入股票。在弱势调整阶段，是主力投资者操盘并不剧烈的洗盘阶段，是回升趋势出现前的重要进入时机。

3. 跳空拉升走势推动价格上涨：主力既然以超大单抢筹完成，那么洗盘结束后自然会拉升股价上涨。在实战当中，我们可以发现主力投资者强势拉升股价跳空上涨的走势。跳空说明主力做多意愿强烈。而跳空之后价格自然很快进入稳步上行阶段，我们持股的盈利机会也会不断增多。

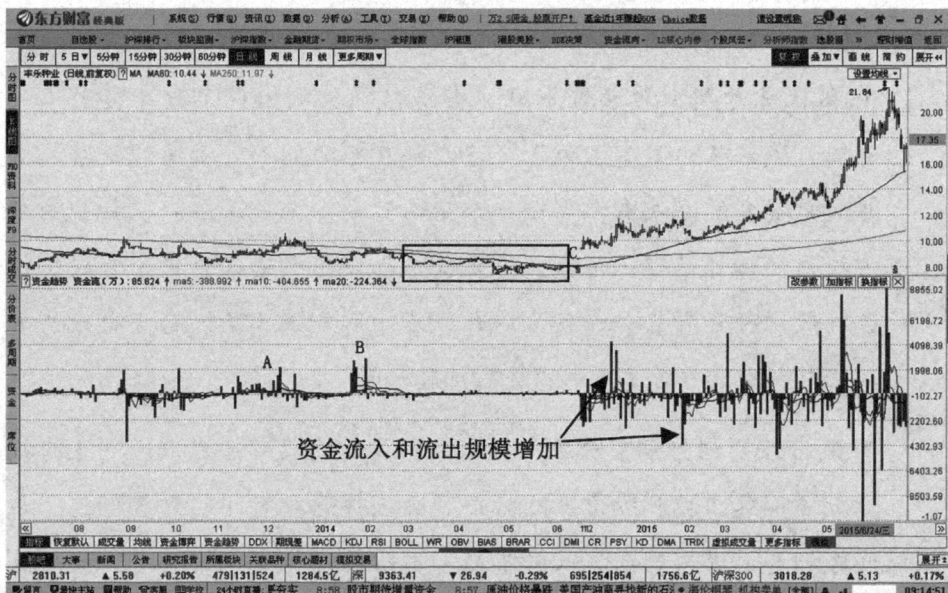

图1-4　丰乐种业日K线图

操作要领：

如图1-4所示。

1.A、B两个位置脉冲超大单出现：图中显示的A和B两个位置都出现了脉冲大单，资金流入非常明显，这是主力短线建仓的信号。从资金流入和流出的比较看，资金流出非常少，表明抛售压力非常有限，主力超大单抢筹就已经控制了价格走势。

2.股价经历矩形区域的调整阶段：当主力以超大单抢筹完成的时候，我们可以发现股价在矩形区域出现了跌破均线的走势。股价明显处于均线下方，但是下跌空间不大，完全是一种弱势洗盘形态。考虑到前期主力在A、B位置抢夺筹码，建仓完毕以后，主力有足够的动机开始洗盘。洗盘是为了今后更好地拉升股价，同时也为了在低位获取更多的筹码。

3.C位置突破走势出现：主力超大单抢筹就是为了获得更多的筹码，以便在拉升股价的时候更好地获得收益。图中C位置标注的价格跳空突破形态，是非常典型的买点。C位置的股价跳空非常显著，而跳空之后资金流入和流出规模明显增加，这是股价进入主力拉升阶段的信号。

总结

超大单资金流入个股的情况并不少见，关键是出现这种情况的时候，股价处于低位运行，而主力投资者的超大单资金流入主导了价格走势。这个时候，我们认为是主力抢筹的信号。既然是抢筹阶段，资金总是呈现出净流入的状态。如果这种情况得到持续，股价距离企稳就已经不远了。只要主力抢筹完毕，等待价格稳定以后，量价稳定之时自然出现回升走势。

1.2.2　短线大单抛售洗盘

在短线超大单流出的洗盘阶段，股价呈现出资金流出的情况。超大单流出以后，价格进入弱势调整阶段。在主力洗盘期间，这种超大单流入的情况非常容易见到。散户投资者的买卖动作并不对价格下跌趋势造成影响，因为主力持股数量多，大单抛售之时已经能够打压股价。任何短线介入的投资者，都面临套牢的风险。

主力用超大单抛售的时候，资金流出规模往往较大，所以超短线的行情并不看好。主力洗盘可以在超大单被抛售以后实现。随着超大单股票被主力投资者抛售，相应的短线低位抄底机会也就形成了。主力投资者就是要打压股价形成低价位的挖坑形态，给散户投资者以视觉上的价格下跌冲击。

经过洗盘以后，主力操盘可以达到更好的效果。洗盘以后价格处于低位，主力低位建仓更容易获得成功。当然，如果主力投资者已经获得足够多的筹码，便可以在高抛打压股价的过程中达到洗盘效果，同时又能够在价格处于低位的时候拉升股价，进一步提升操盘效果的同时，扩大投资收益。

形态特征：

1.股价大幅杀跌：在股价大跌的情况下，散户投资者抛售股票的力度会明显增加，这是止损的必然结果。特别是在主力投资者主动打压股价的阶段，散户投资者跟随价格下跌趋势抛售股票，自然也会出现股价下跌的情况。

2.超大单资金流出创新高：超大单资金流出创新高以后，我们会发现股价下跌与资金流出同步出现。资金流出规模越大，价格短线跌幅也更深。如果主力投资者盈利丰厚，主力投资者抛售股票也能够获得收益。即使价格短线杀跌，依然能够达到盈利出货的目标。

3.洗盘结束后资金快速流入：当主力投资者短线大单抛售结束以后，洗盘也就结束了，股价可以在这个时候企稳回升。因为价格被打压以后，主力可以在相对低的价位二次建仓。考虑到主力资金开始流入，散户投资者情绪稳定下来，股价自然进入稳定回升趋势中。从后期的价格回升趋势来看，可以断定主力投资者的洗盘只是短线行为，并不会主导价格长期的运行趋势。特别是价格显著回调以后，相应的回升趋势自然会形成。在后期股价上涨的时候，我们可以发现股价可以轻松飙升至前期高位。

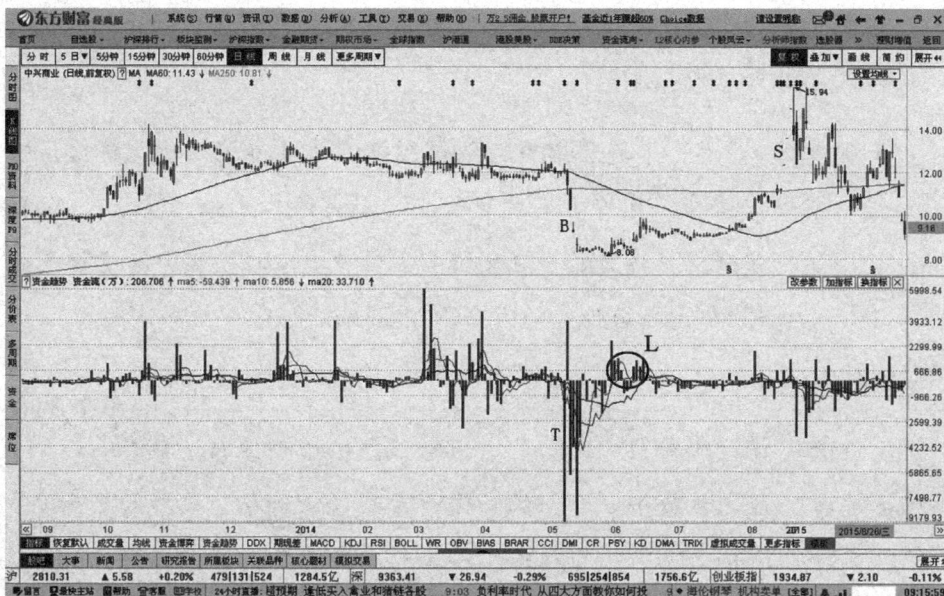

图1-5　中兴商业日K线图

操作要领：

如图1-5所示。

1. B位置股价大幅杀跌：图中B位置显示的价格快速杀跌，连续四根大阴线出现以后，价格一周跌幅达33%。从中长期的价格回升趋势来看，33%的跌幅并不大。但是在短期价格走势中，股价杀跌33%已经可以促使散户投资者交出筹码。价格杀跌期间散户投资者低价卖出股票，主力则达到了洗盘效果。

2. T位置资金流出创新高：在价格杀跌期间，T位置显示的资金流出创新高。我们可以发现主力洗盘手法非常厉害，资金净流出达到一年来的最大值，散户投资者显然被这样的资金流出吓坏了。

3. L位置出现资金显著流入：图中股价下跌以后不久，L位置的资金流入非常显著。资金净流入的趋势显著改变了价格弱势调整的节奏，推动股价震荡上行。我们确认主力已经洗盘结束，而洗盘以后在低价买入股票拉升股价上涨。

4. 股价在S位置一字涨停飙升：经过短期的收集筹码以后，价格很快进入回升趋势中。图中显示的股价上行趋势逐步加强，甚至在S位置出现了一字涨停板的走势。在主力超大单洗盘阶段，散户投资者怎么也不会想到3个月以后股价会达到前期高位以上。

总结

在超大单被抛售出来以后，主力可以轻松达到洗盘效果。当股价处于比较显著的放量杀跌涨停的时候，散户投资者抛售股票的数量会急剧升高，这样也就被主力轻松洗盘出局。主力投资者打压股价洗盘的策略不仅是洗盘的需要，同时也是短线高位快速出货的需要。如果主力投资者持股成本很低，那么完全可以在短线高位大量抛售股票，在兑现收益的同时达到洗盘效果。当主力投资者再次拉升股价的时候，主力投资者又一次实现了拉升和盈利的目标。

1.2.3　大单介入连续控盘

在主力大单连续介入个股的时候，我们可以发现股价会经历回升走势。在超大单资金净流入的情况下，股价被主力投资者牢牢控制住。如果我们确认主力连续控盘，并且动用超大单资金操控价格，那么在确认持有这类股票以后，盈利机会非常大。散户投资者虽然也在超大单资金流入的情况下抛售股票，但是很难逆转股价回升趋势。可见，我们将主要精力放在主力投资者的超大单控盘上，便可以确认价格回升趋势。

在超大单连续出现的时候，如果我们可以确认超大单资金流入远远高于日常资金流出，那么主力投资者对于盘面的控制就非常到位了。很难想象，散户少量资金流出能够对价格走势产生明显的影响。更何况，散户投资者中并非都是看空的。在价格表现强势的情况下，散户投资者更容易出现追涨的建仓行为。在散户投资者和主力投资者同步拉升股价的时候，回升趋势自然不会停滞不前。

从筹码转移的效率来看，在主力超大单资金拉升股价的过程中，筹码转移速度很快，使得价格短线表现强势，股价更容易出现见顶信号。即使如此，在超大单资金流入还未结束前，我们继续持股可以不断获得收益。在价格飙升阶段，股价最后一次飙升走势为我们带来的收益会更大。原因很简单，我们持股的市值随着价格涨幅增加而回升，今后每一个百分点涨幅出现的时候，获得的收益却更多。在主力投资者高位拉升股价上涨的过程中，我们要做好持股盈利的准备。只要显著的资金流出还未出现，我们继续持股的获利机会就会不断形成。在实战当中，我们可以发现股价在最后阶段的飙升走势总会非常强悍，而强势背后我们的盈利机会也比较多。

形态特征：

1.净流入的超大单资金出现频率增加：从日K线图的超大单资金流入来看，如果超大单资金流入呈现出增加的趋势，那么我们认为主力正在加速操盘。特别是在抛售压力不大的情况下，主力操盘股价大幅飙升很容易实现。在主力操盘阶段，股价能够以更快的速度逼近历史高位。同时，短时间内的抛售压力并不会改变价格回升态势，这是非常好的持股信号。

2.股价维持强势回升格局：从价格表现来看，最为强势的回升趋势总会有股价震荡上行来配合。从均线来看，股价不会轻易跌破中期均线，比如60日均线就能够支撑股价上涨。即使价格短期回调，股价都可以轻松获得60日均线提供的支撑，并且进入加速回升阶段。在主力超大单资金流入的情况下，股价就会有这种强势表现，这是我们需要关注的地方。

3.显著的资金流出始终没有出现：资金流出明显而流出量非常有限，那么超大单资金流入就主导了价格回升态势，这种情形最值得持有股票。随着股价飙升空间的提升，我们能够确认行情已经达到高潮，持股状态下的盈利空间非常可观。

4.主力操盘股价跳空大涨：既然主力以超大单连续流入的方式拉升股价，那么价格很容易出现跳空上涨的走势。特别是在脉冲超大单资金流入数量逐步增加之时，股价可以在开盘阶段就跳空上涨，并且以跳空形式涨停。我们可以关注跳空涨停的股价见顶形态，并且及时减少持股数量，兑现价格飙升期间获得的收益。

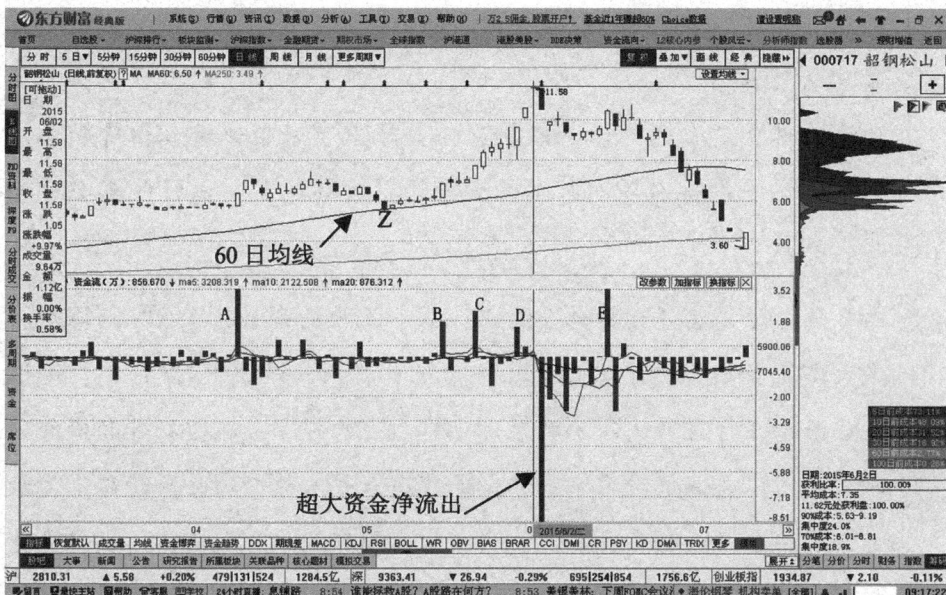

图1-6　韶钢松山日K线图

操作要领：

如图1-6所示。

1.净流入的超大单资金出现在A、B、C、D、E位置：图中显示的从A
到E的5个位置都出现了超大单资金流入的情况。当资金流入时，股价
收盘都为大阳线形态。可见，主力不仅有资金优势，而且有能力操控
股价。散户投资者虽然也在交易，却不是影响价格走势的主力。

2.股价在60日均线获得支撑：图中股价在Z位置回调60日均线，但是
显然没有跌破该均线。股价轻松获得支撑后加速上涨，相应的交易机
会就出现在均线位置。如果我们前期已经确认图中A位置的超大单资
金流入，并且在股价回调期间买入股票，自然能够在接下来的交易日
中大幅盈利。

3.跳空大涨完成顶部形态：股价在跳空拉升之时确认了高位11元上方

的顶部形态。加速上涨的两个涨停板出现以后，主力已经完成了拉升股价的动作。实际上，我们在该股超大单资金流入以后，就会关注到主力其实有目的地拉升股价，以为了接下来快速完成出货动作。如果我们在股价涨停的时候减少持股，在该股见顶之时就不会遭受损失。

4. 见顶之时出现超大资金净流出： 图中股价跳空上涨并且见顶以后，超大单资金流出出现。资金在一个交易日内的流出超过8亿元，远远多于前期资金当日流入的数量。可见，主力在完成跳空拉升股价的同时，也紧跟着高位抛售了股票。散户追涨买入热情高涨，使得主力投资者有机会在一个交易日内集中出货。而超大单资金流出一旦确认，该股自然进入下跌通道。

总结

主力投资者资金优势明显，利用超大单资金买入股票来操作股价，这种操盘手法显然非常成功。随着超大单资金流入结束，股价也自然会出现见顶的情况。在跟随主力持仓的过程中，我们不仅要关注超大单资金流入的拉升阶段，更要注意股价大涨后的见顶信号。虽然超大单资金流出前股价始终维持强势，但是如果我们在股价飙升阶段主动减少一些持股，自然可以更好地适应资金流出后的价格下跌趋势。

1.3 主力惯用操盘手法

在主力投资者操盘阶段，使用的操盘手法总是有一套完整的方法，这些方法包括缩量打压操盘、拉升诱多操盘以及压制股价上涨操盘等。操盘策略多种多样，其目的都是为主力操盘服务。在操盘阶段，主力投资者按照自身的意愿控制价格走势，以实现自己的建仓、拉升和出货目标，从而在完整操盘周期中获得稳定的收益。

在实战当中，我们确认的主力操盘动作越显著，相应地在实现自己操盘目标的时候价格表现越精彩。比如说在主力缩量下挫打压股价的时候，价格可以在非常短的时间里超跌20% ~ 30%，但是回升趋势并未因此结束。一旦股价企稳上涨，量能会更大而股价涨幅也会更高。随着洗盘动作的完成，主力拉升股价阶段的筹码更加稳定，价格飙升空间自然也更高。

总的来看，主力为了达到操盘目标采取的操盘手法多种多样，打压股价和拉升诱多是比较典型的形式。当然，还有压制股价上涨和拖住股价横盘等也是我们关注的地方。压制股价上涨的横盘通常出现在价格低位，是缩量下挫打压股价的一种变化形式。只是主力投资者并不热衷于疯狂打压股价，创造一个更低的买点，而是要控制价格波动空间，以横盘的形式达到洗盘目标。拖住股价横盘这种操盘形式出现在价格高位，是主力出货过程中惯用的策略。在价格横向运行的时候，我们可以发现股价并未短时间内跌破价格高位的横盘区域，而是以弱势调整的方式运行。虽然股价在高位出现滞涨，但是不至于给多数散户投资者带来股价见顶的印象。这样一来，主力出货就容易多了。

1.3.1 缩量下挫打压

缩量下挫打压洗盘是比较典型的短线出货策略，主力是以小规模出货的形式打压股价，完成洗盘动作。从价格表现来看，我们可以发现股价累计波动空间不大，但是会出现一波明显的回调走势。

从价格回升趋势来看，在股价短时间内连续缩量回调的时候，很容易影响散户投资者的买涨热情。价格始终处于回升趋势，但是短期的缩量打压使得股价脱离了回升节奏。投资者已经不能够继续持股盈利，反而随着股价缩量下跌出现了一些损失。

主力投资者更乐于看到散户投资者追涨买入股票后短线被套，因为这样才能检验持股的坚定程度。如果散户投资者坚决持股，就不会因为一次简单的价格回调而改变持股节奏。短线改变持股策略的投资者一定是不坚定的短线交易者，是对价格上涨不利的打压者。

从量价表现来看，股价缩量连续下跌是比较典型的形态特征。在量能持续萎缩的时候，我们会发现股价不断回调，使得投资机会出现在支撑均线上方。在价格缩量回调至60日均线的时候，反弹通常就出现了。主力投资者注意操盘目标是打压洗盘，洗盘结束自然就是股价企稳的机会。

形态特征：

1.股价单边回调：当股价单边回调的时候，连续出现的回落走势给投资者带来非常明确的下跌信号。即使股价累计跌幅不大，在下跌阴线数量不断增加的时候，对已经持股的散户投资者也是一个压力。

2.量能萎缩接近100日等量线：从成交量来看，如果量能萎缩至100日等量线附近，我们认为这是比较明显的缩量信号。量能处于100日等量线上方，表明成交量处于放大状态。一旦成交量萎缩并且接近100日等量线，股价见顶概率将大幅提高。这个时候，卖点自然也就出现了。

3.RSI指标快速回调至50线下方：当RSI指标从超买回落并且一次性跌破50线的时候，我们认为这是非常典型的指标过度调整信号。RSI指标回调至50线下方，指标单边回调空间较大，股价短线触底的可能性很高。特别是当RSI指标触底的时候接近了低位的20附近的超买位置，这更是比较典型的底部信号了。

4.筹码主峰在高位形成：筹码主峰在价格高位出现的时候，我们会发现股价已经经历了回调走势。大量散户投资者在股价调整期间出货促使筹码向价格高位转移。主力投资者只是想要洗盘，短线买入股票的投资者多为散户。主力洗盘阶段筹码在散户投资者之间转移，相应的散户投资者持仓成本自然回升。这样，主力投资者就可以利用资金成本优势拉升股价，以更好的操盘形式获利。

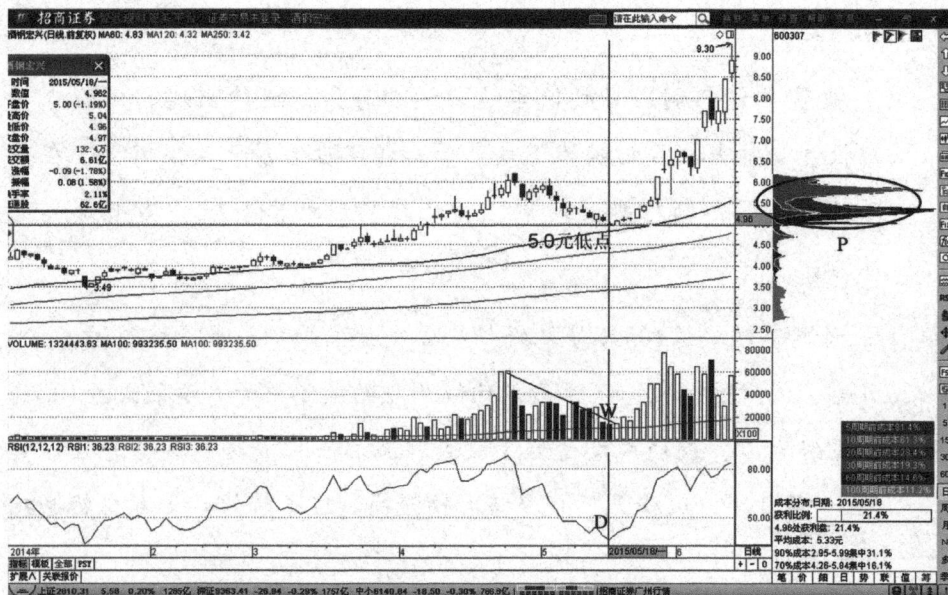

图1-7　酒钢宏兴日K线图

操作要领：

如图1-7所示。

1.股价单边回调至5元：在图中显示的回升趋势中股价开始回调，价格回调持续15个交易日，从高位收盘价6元跌至5元，跌幅为16.7%。在回升趋势中股价跌幅较大，主力洗盘效果非常明显。

2.量能萎缩至W接近100日等量线：成交量逐步萎缩至W位置的低点，该位置量能非常接近100日等量线。我们说量能维持在100日等量线是价格稳定上涨的基础。而成交量萎缩接近该等量线，表明多方操盘热情非常低。散户主动买入股票的情况越来越少，而价格已经处于超跌状态。

3.RSI指标快速回调至50线下方：当RSI指标快速回调至50线下方的D点以后，我们不仅会发现RSI指标明显超跌，并且指标几乎到跌无可跌的底部。从超买到接近超跌，用时15个交易日，这是主力洗盘操作成功的结果。如果我们仅仅关注指标表现，很容易联想到该股处于下跌趋势。正是这种想法，会使得我们更加接近被洗盘出局。

4. P位置的筹码主峰在高位形成：当价格高位P的筹码主峰出现的时候，散户投资者之间的筹码转换达到数量最大，这是主力操盘后的结果。筹码峰对应的价格成本区为散户的持仓价位，是抛售压力减轻的位置。主力如果在这时候拉升股价，价格很容易穿越筹码峰位置的压力区，这正是主力喜欢看到的结果。

总结

在缩量打压股价结束以后，筹码在散户投资者之间充分换手，投资者的持仓成本也在增加。这个时候，股价进入反弹节奏以后更容易出现较大涨幅。推动价格上涨的量能蓄积到一定程度以后，主力拉升股价就轻松多了。特别是在洗盘结束的时候，价格进入上行趋势就非常容易了。

1.3.2　拉升诱多

主力投资者采取拉升股价的形式诱多，为散户投资者提供了追涨机会，同时散户也必须面对高位套牢的风险。随着量能脉冲放大，股价在高位区加速上行，交易机会就出现在股价短线回升的时刻。

如果我们对于短线机会把握不好，可以动用少量资金买入股票获利。不过主力投资者拉升股价就是为了诱多，作为散户，追涨买入股票速度不够快，逃顶不够迅速，都可能陷入被动局面。既然是脉冲行情，持续时间不会很长，涨幅也受到限制，那么在跟主力投资者争夺高位盈利的同时，避免风险扩大就成为最大的问题。

从股价见顶的时点来看，如果主力投资者诱多还不充分，股价见顶就很难在短时间内形成。实际上，在多次拉升股价诱多以后，我们就会发现筹码向价格高位转移的数量增加，相应的见顶概率也提升。主力既然是要诱多拉升股价，那么价格见顶以后并不会每次都出现相同的跌幅。确认主力出货完毕以后，价格下跌空间会更高。

形态特征：

1.股价高位冲高回落：当股价在高位冲高回落的时候，我们能够确认价格已经出现了较大涨幅。这个时候把握好高抛交易机会，我们获得实实在在的利润就更加容易。不过这种盈利一定是短线的，只有在主力诱多期间我们尽可能快速地出货，才能保证获得利润。

2.量能短线小幅回升：从量能放大持续时间看，可能仅有几个交易日的放量，但是股价却可以维持强势，这主要是散户追涨所致。主力投资者拉升意愿不强，但是散户投资者追涨以后，价格也可以在短时间内表现强势。

3.冲高回落次数逐步增加：一次诱多拉升以后，价格会冲高回落。当股价回调至短线低位的时候，我们还会看到股价经历又一次的回升走势。主力投资者多次拉升股价脉冲上涨，我们可以发现超短线的机会出现在股价飙升阶段。

4.高位筹码峰规模最大：要确认主力投资者诱多拉升结束的信号，可以通过筹码峰的规模来看。如果顶部区域的筹码规模最大，我们可以判断股价已经在高位涨幅到位。接下来如果股价继续回升的话，追涨风险会更大。

图1-8 天海投资日K线图

操作要领：

如图1-8所示。

1.股价冲高至Y1、Y2、Y3高位：图中股价分别在A、B、C3个位置出现了放量，股价完成了脉冲行情。这是主力参与力度并不强的诱多拉升走势。既然是诱多拉升，股价回升空间自然受到限制，相应的反弹结束以后，该股都出现了明显的回落。

2.量能短线小幅回升：从成交量的表现看，A位置的量能相对较高，B和C位置的量能都有限放大，体现了主力诱多拉升动用的资金不大。如果主力投资者都不打算放量拉升股价，那么相应的股价上涨潜力自然受到抑制。事实上，该股从11元的价格平台飙升至16元已经滞涨。而我们作为散户，追涨买入股票风险很高。

3.高位筹码峰规模最大：在图中P位置的筹码规模显著增大的时候，我们认为该股接近见顶。从浮筹指标看，图中G位置显示的ASR指标高达90以上，说明该位置筹码数量较大，并且多为浮筹。当股价第三次拉升股价到Y3位置顶部时候，这种价格短线脱离浮筹筹码峰的情况显然不能持续。股价追涨出现了更大的跌幅。

总结

主力投资者可以在长时间里操盘，这是因为还未完成出货动作。该股虽然在价格高位3次冲高，但都没有出现任何大的涨幅。从出货的角度分析，主力在3次拉升股价以后更容易完成减仓动作。因为散户投资者追涨之时托盘较大，主力能够高位出货。并且价格被拉升至高位以后，主力出货成本更大，这有助于获得高回报。

1.3.3　压制股价上涨

当主力投资者获得筹码还不够多的时候，短线拉升股价的热情不大。主力更愿意在打压股价的情况下获得更多筹码，以便在拉升股价阶段盈利。那么这个时候，压制股价上涨就成为比较好的选择，这样做可以达到洗盘效果，同时控制股价涨幅。当股价短线回调空间较大的时候，主力投资者更能够获得较多筹码，这样的话就为今后的盈利提供了保障。

如果我们发现股价短线震荡期间量能不大，并且放量总是以一两个交易日的形式出现，那么可以确认主力正处在洗盘阶段。洗盘之时超短线的交易机会较多，连续持股的波动机会几乎不会出现。一旦量能萎缩到不能支撑股价横盘运行，主力洗盘的价格杀跌走势自然会出现。

既然主力压制股价上涨，杀跌阶段股价就会出现明显的回落。累计跌幅并不会很大，但是可以达到洗盘目标。当主力洗盘结束以后，我们应该关注的是低位买点。既然价格处于相对低位，主力洗盘之时股价下跌潜力并不会很大。回调以后，我们可以确认短线低位的建仓价位。

形态特征：

1.脉冲行情出现频率增加：脉冲行情出现频率增加，表明主力有心建仓却无心拉升股价上涨。随着价格短线见顶次数增加，量能自然会出现萎缩。主力在脉冲行情中吸筹结束以后，资金流入数量减小，相应地也会出现缩量信号。

2.量能回调至等量线下方：当脉冲反弹次数不断增加的时候，股价已经出现见顶信号。我们可以通过确认量能无法继续放大来确认股价短线见顶。特别是成交量萎缩至100日等量线下方以后，成交量已经不能支撑股价高位运行，相应的回落走势就会出现。

3.股价跌破高浮筹区域：在短线高位的调整阶段，筹码集中度相对较高。特别是在股价跌破筹码峰的时候，我们会发现浮筹指标ASR从比较高的位置回落，这是价格跌破浮筹区域的信号，同时也是主力洗盘成功的信号。

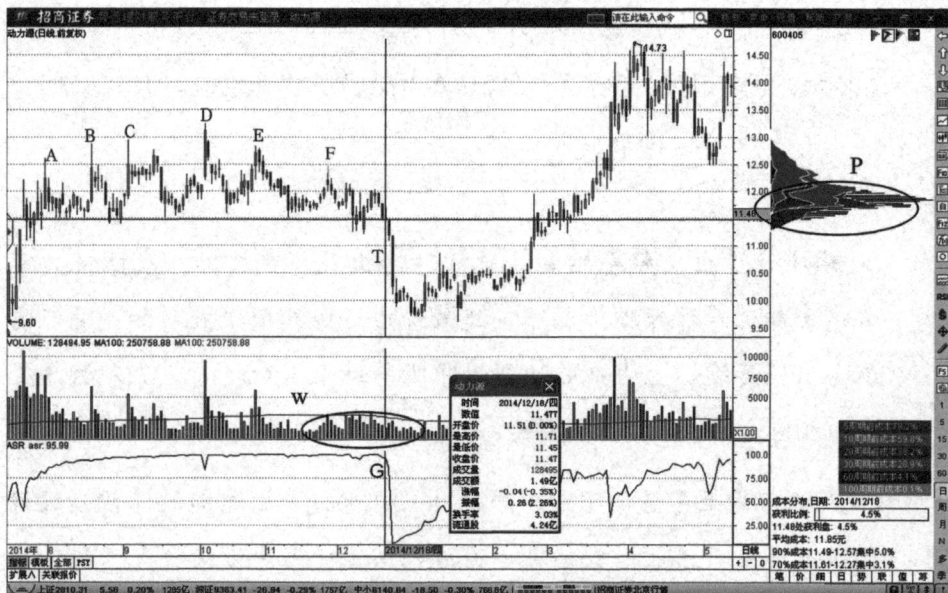

图1-9　动力源日K线图

操作要领：

如图1-9所示。

1.脉冲行情出现在A、B、C、D、E、F位置：脉冲行情出现在图中从A到F位置的6个位置，说明股价在相似价位出现了脉冲行情。脉冲行情持续时间都为一个交易日，一个交易日的飙升完成以后该股很快回落下来。我们认为这是短线主力投资者收集筹码的建仓过程。

2.W位置的量能回调至等量线下方：当W位置的量能回调至100日等量线下方以后，我们认为即使是脉冲行情，该股反弹概率也已经非常小。价格震荡下跌走势也提示我们，股价正在缩量回落。这个时候，主力完成了短线建仓过程，自然会主动打压股价了。

3.股价在T位置跌破高浮筹区域：当该股在图中T位置显著回落的时

候，我们会发现非常典型的洗盘信号出现了。图中T位置价格跌幅较大，表明一次主力成功洗盘过程。特别是从浮筹指标看，图中ASR指标从G位置杀跌，提示我们股价快速脱离了筹码峰。P位置的筹码主峰被跌破之时也是主力洗盘效果达到之时。

总结

当我们确认股价处于低位运行的时候，主力不可能大幅度盈利。而这个时候，正是主力大量建仓的时刻。不过从建仓成本考虑，主力投资者会更主动压制股价上涨，以便在更低的价位获取筹码。本例中主力已经大量买入股票，即使如此，还是出现了缩量打压股价的情况。作为散户，自然应该关注主力这种操盘策略，因为发现主力打压股价，不仅主力能够获取低廉筹码，我们同时也可以跟随主力在低位建仓。

1.4 主力操盘阶段筹码转移特征

在主力投资者操盘阶段，筹码转移趋势与操盘方向有关。如果主力投资者拉升股价上涨，那么筹码就会向价格高位转移。在股价飙升的过程中，筹码转移规模不断扩大。通过确认筹码转移过程，我们就能够发现股价上涨的价格趋势。

从投资者持仓成本的角度来看，筹码转移归根到底是投资者持仓成本提高的过程。随着低位筹码不断转移到价格高位，场外投资者买入股票以后持股成本也处于高位。随着价格涨幅扩大，筹码不断在新的价位完成转移，而投资者的持仓成本也在不断提升。

从筹码形态和价格涨幅的潜力来看，在低位筹码峰形成以后，筹码主峰规模越大，相应地实现筹码转移的时间就越长。并且，股价出现的涨幅越高，筹码向价格高位的转移才会越充分。当然，类似的筹码转移趋势也出现在下跌阶段。

下跌阶段的筹码转移方向与回升阶段相反，价格高位筹码向低位转移，股价随之出现下跌走势。筹码向低位转移越充分，相应地股价越容易企稳。确认股价企稳的信号，我们可以从筹码转移的完成程度来看。多数筹码从高位转移到低点，我们认为这是筹码转移结束和股价即将触底的信号。

1.4.1　回升阶段筹码先集中后发散

在价格回升的时候，筹码从集中到发散转换的时间较长，在整个牛市行情中都会存在筹码向上转移趋势。从这个角度看，我们应该准确判断筹码转移速度和转移趋势，这样才可以确保在正确的回升趋势中获得利润。

在筹码向上转移前，低位筹码峰有一个形成过程。主力在价格低位大量建仓的时候，筹码转移到底部区域。建仓速度越快，相应的筹码转移到低位区的规模越大。当价格低位的筹码主峰形成时，我们认为这是主力建仓完毕的信号，同时意味着股价即将进入回升趋势。

经过主力建仓以后，低位筹码主峰规模异常膨胀，这部分筹码向高位转移的过程也是价格回升的过程。通常在股价从低位向上回升的起始阶段，规模最大的筹码主峰出现次数比较多。每个价格调整阶段都会形成筹码主峰，而在筹码主峰位置的大量筹码向高位转移的时候，随之而来的便是股价加速回升的走势。

形态特征：

1.股价经历多次横盘调整：当股价经历多次横盘调整时，我们认为这是筹码向主峰转移的信号。调整时间越长，相应地，筹码换手到调整形态对应价格区间的数量也就越多，而筹码主峰的规模也会更大。

2.成交量不断放大：在成交量不断增加的过程中，筹码单位时间内转移的数量也在增大。价格在低位调整阶段，筹码更容易调整到单一的筹码峰形态。成交量是股价转移的基础，同样也是我们确认主力建仓效率的依据。量能越大，主力在低位建仓效率越高，这有助于股价早一些进入回升趋势。

3. 浮筹指标ASR稳定回升至最高值：当浮筹指标回升至高位，我们认为这是筹码调整到位的信号。浮筹指标缓慢回升至历史最高数值，表明价格横向调整阶段筹码峰规模迅速提升。ASR指标数值越高，价格脱离筹码峰以后的上行趋势也会越明显。通过ASR指标我们可以确认主力建仓结束的信号，为持股盈利做好准备。

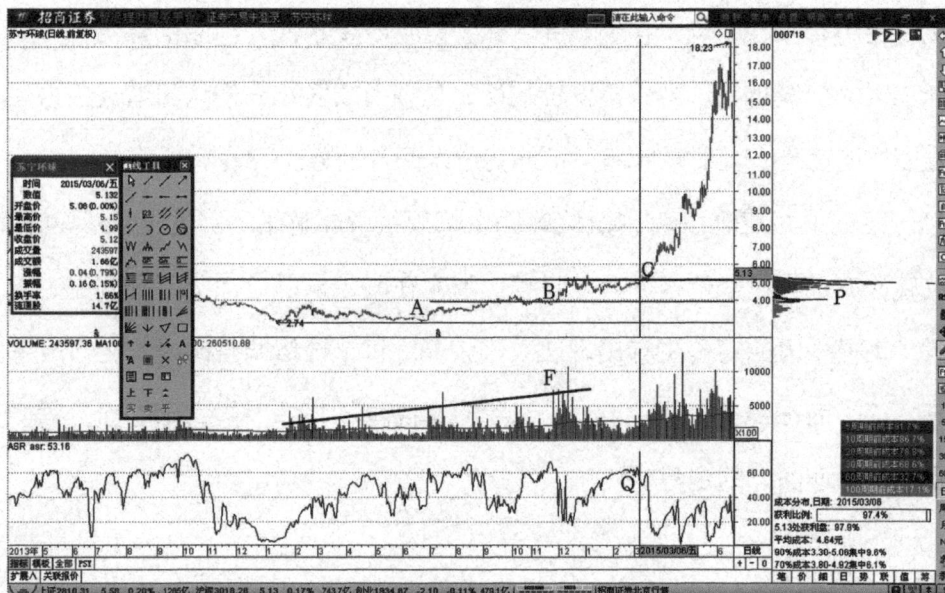

图1-10　苏宁环球日K线图

操作要领：

如图1-10所示。

1. 股价经历3次横盘调整：在图中显示的A、B、C 3个价格平台中，我们都可以发现股价经历了横向调整的走势。横盘期间也是主力不断放量建仓的过程。正是因为有了横盘形态，主力才有更多的时间完成建仓。

2.成交量不断放大：从图中F位置显示的成交量回升趋势线中，我们能够确认量能放大趋势，从而把握好该股的运行节奏。事实上，量能越大，股价活跃度越高，越有助于价格脱离筹码峰加速上涨。

3.浮筹指标ASR稳定回升至最高值Q：图中显示的Q位置是ASR指标的最高数值。从ASR指标回升状态来看，该指标明显以更加平滑的曲线回升，说明在价格波动空间不断收窄的时候，浮筹规模已经非常庞大。而图中P位置显示的形态也向我们展示了庞大的筹码主峰形态。显然，通过分析筹码形态，我们可以确认该股已经调整到位。

总结

　　当我们确认价格低位出现了筹码主峰后，就可以毫不犹豫地确认价格调整到位。这个时候，如果我们按照既定的策略来持有股票，自然能够在筹码向上转移的过程中盈利。

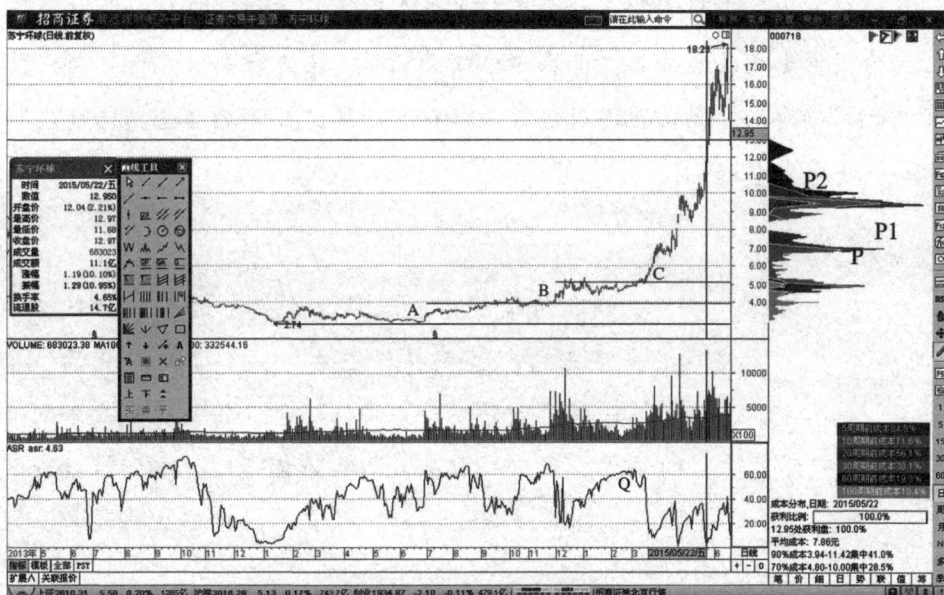

图1-11　苏宁环球日K线图

操作要领：

1.价格脱离高浮筹区：当股价在C阶段的横向调整结束以后，我们可以发现股价在加速脱离高浮筹区域。图中ASR在位置达到最高数值的时候，是价格调整到位的信号。股价脱离这一高浮筹区域，显示主力拉升动作进入实质性阶段。

2.主峰筹码向高位大量转移：在主峰筹码向高位转移的过程中，我们可以发现低位P筹码规模明显减少，而价格高位P1和P2位置筹码峰规模显著增多。这表明，筹码转移趋势正在形成，价格回升趋势也正是筹码转移的结果。主力投资者操盘效果已经得到体现，价格飙升成为主力投资者和散户同步盈利的时刻。

3.筹码转移推动价格加速飙升：在筹码转移的过程中，我们可以发现价格回升趋势得到加强。在图中P位置的筹码完全转移到价格高位前，该股的上行趋势不会轻易结束。我们可以看到低位筹码多数为主力投资者的持仓成本，而在价格回升期间，主力在高位兑现利润，因此筹码会向更高价位转移。筹码转移和价格回升联动运行，持股盈利机会自然会增加。

总结

在价格回升阶段，我们会发现筹码从低位向高位转移的大趋势出现。从主力操盘的角度来看，筹码转移是主力从建仓到出货的过程。筹码从低位向高位转移，散户投资者高位接盘，价格自然会不断上行。直到低位区的主力筹码消失前，我们认为都是比较好的持股阶段。可见，我们关注筹码转移过程，同时就是在关注价格上行趋势。筹码转移和价格回升同步进行，交易机会同时出现。

1.4.2 出货阶段筹码向下发散

价格回落的时候，筹码从集中到发散转换的时间也是比较长的，整个熊市行情都会是筹码向下转移的情形。从这个角度看，我们不仅要关注筹码形态，还需要确认筹码转移趋势和转移速度。筹码主峰形态的出现，是我们确认筹码即将转移的信号。同时，筹码转移趋势关系到行情发展的时间和价格波动潜力，这也是确认主力操盘期间需要注意的方面。

筹码向下转移前，高位筹码峰形成的过程便是主力投资者出货的过程。如果主力在价格高位大量出货，筹码自然在高位区转移到散户手中。散户投资者获得的筹码数量越大，短线股价下跌的可能性就越高，因为我们知道，散户投资者持股多数为了获取短线收益。一旦主力在高位出货完毕，自然也没有人主动操盘，价格在散户手中转换的时候更容易出现回落走势。

确认高位区的筹码主峰形态非常重要，这是判断价格向下转移的基础。也许我们还没有发现主力投资者已经在价格高位出货，但是筹码在价格高位密集分布，可以说这是比较明确的主力出货信号。接下来，在量能萎缩期间股价下跌趋势逐渐清晰，我们就可以发现筹码转移趋势。

形态特征：

1.股价经历涨停飙升：当股价经历涨停走势以后，我们认为价格表现可以说明主力投资者正在急速拉升股价。这个时候，价格涨幅越大，主力出货的可能性越高。因此，我们首先要确认股价加速上涨，这可以成为确认股价见顶的基础形态。

2.高位筹码主峰规模达最大值：当筹码多数转移至价格高位以后，我们会发现股价上涨空间已经非常大。筹码主峰的规模达到回升趋势中的最大值，这是散户投资者高位接盘的信号，同时预示着股价即将出现见顶形态。这个时候，为应对价格下跌，首先要考虑减少持股。

3.价格跌破筹码主峰：筹码主峰出现在价格高位，并且出现了价格跌破筹码主峰的情况，这显然是散户投资者大幅亏损的信号。特别是在高位追涨的投资者，并不清楚主力已经高位出货。散户投资者成为"接盘侠"，股价跌破筹码主峰便是跌破散户投资者的成本价，这是股价缩量见顶的最直接信号。

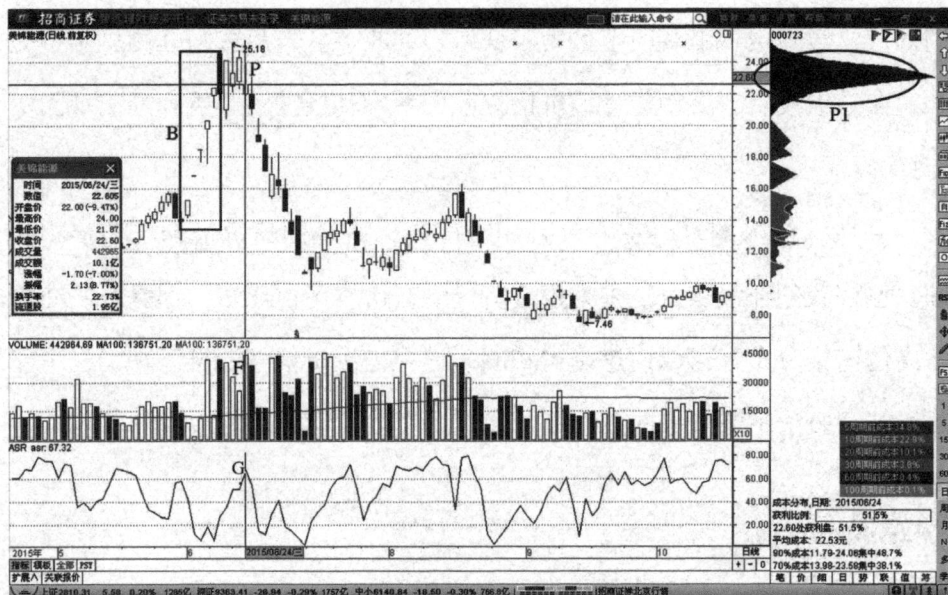

图1-12　美锦能源日K线图

操作要领：

如图1-12所示。

1.股价在B位置经历涨停飙升：图中B位置股价出现了连续涨停的走势，连续涨停次数多达5个交易日，显然股价已经处于主力参与的末期拉升阶段。在价格大幅上涨的同时，追涨的散户已经快速追涨。

2.P1位置筹码主峰规模达最大值：筹码形态能够最直观地体现出价格见顶信号，图中P1位置的筹码规模异常庞大，成为主力有效出货的信号。筹码高位聚集，表明散户投资者成功接盘。大涨以后股价见顶呈高位筹码峰形态，这是非常典型的反转过程。

3.价格在P位置跌破筹码主峰：当股价在图中P位置跌破了筹码主峰的时候，这个时候的筹码获利率为51%。我们认为这是非常容易确认的股价下跌信号。虽然筹码获利率处于高位，但是很明显筹码主峰被短线套牢了。这种情况出现以后，高位追涨的投资者很容易受到价格下跌影响。对于表现强势的股价来讲，这是不能容忍的价格表现。股价跌破筹码峰以后，该股将进入实质性下跌趋势中。

总结

　　按照筹码转移规模和股价跌破筹码峰的卖点来明确价格见顶信号并不困难。从本例中我们看出，主力有意在价格见顶前连续拉升5个涨停板，等待散户追涨以后则自然完成了筹码换手过程。价格跌破筹码主峰，完全是主力退出后无量下跌的前兆。在确认筹码向下转移的趋势以后，接下来我们持币则可以减少损失。

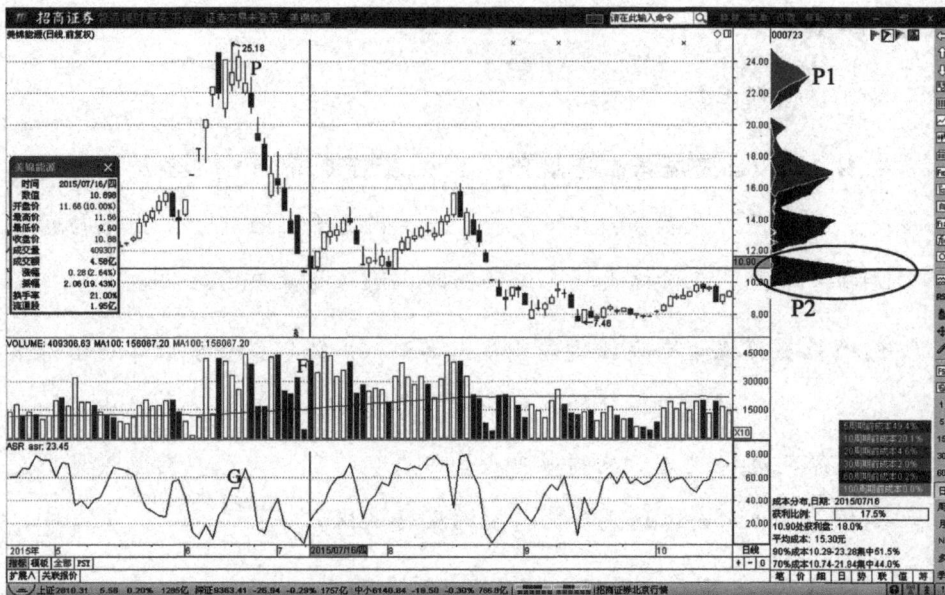

图1-13 美锦能源日K线图

操作要领：

如图1-13所示。

1.股价从24元跌至10.9元：当股价从高位的24元回落至低点的10.9元的时候，价格跌幅已经高达55%。而在价格最初确认下跌趋势的时候，正是P位置股价低开跌破筹码峰的时候。在图1-12的案例分析中，我们已经看到股价跌破P1位置筹码峰对应的卖点。该股加速回落以后，卖点进一步得到确认。

2.筹码主峰从P1到P2转移：从筹码转移大趋势看，价格高位P1的筹码规模显著减小，而低位区P2对应的筹码规模最大，表明大量筹码转移到价格低位。在股价暴跌的过程中，场外资金进场抄底，促使多数筹码分布在底部区域。可见，主力高位出货以后，散户投资者被套牢在价格顶部，下跌期间筹码从高位向下转移。毫无疑问，我们应该在下跌趋势中快速兑现收益，以免造成亏损。

总结

在筹码高位集中形态出现以后，我们可以通过确认筹码峰完成的情况来确认股价见顶时机。加速上涨的价格高位出现套牢筹码主峰，这是典型的主力出货完毕信号。随着筹码向高位集中，在多空争夺过程中，价格最终跌破筹码主峰，使得下跌趋势开启。可见，在确认主力操盘的时候，我们需要密切关注筹码向价格高位转移的动向。一旦主力完成筹码转换，价格高位筹码主峰形成，减少持股对于保住收益来讲非常重要。

本例中我们知道，等待价格跌破筹码主峰的时候卖出股票，并非最佳卖点。而筹码主峰出现的时候，主力投资者已经完成出货动作。我们可以主动采取减仓策略，应对即将出现的下跌趋势。

第2章
主力操盘在筹码上的体现

　　在主力控盘期间，随着股票在散户投资者和主力之间转换，相应的筹码也会出现转移。我们在确认筹码转移信号的同时，不仅可以发现主力行踪，还能够确认主力的持仓成本。因此，在实战当中跟随主力操盘的过程中，确认筹码转换的过程非常重要。

　　本章围绕主力操盘阶段的筹码转移特征，为大家讲解成本转移和价格运行的节奏。在实战当中，主力投资者持仓成本的变化，对价格走势影响很大。主力的持仓反映在筹码形态上，同样地，散户投资者的持仓成本我们也能够发现。当我们掌握了关于某只股票的不同类型投资者的筹码分布以后，就像玩扑克牌时知道了对方的底牌，那么结局一定是以我们取胜结束。

2.1 超强大单控盘的筹码形态

当超大单资金不断流入个股的时候，说明主力投资者建仓力度很大。出于对后市的乐观，主力不断以大单买入股票的形式完成建仓动作。建仓资金越多，持续时间越长，相应地更多筹码会转移到最投资者手中。

在超强大单流入的情况下，筹码转移效率很高。实际上我们会发现出现筹码集中度很高的单一筹码峰，这是超强大单流入的结果。按照这个思路，我们就可以确认主力建仓的信号，轻松获得投资收益。

形态特征：

1. 超强大买单频繁出现： 超强大单出现时，表明主力投资者已经介入个股。随着股价震荡走强，我们可以发现超大单每隔一段时间便会形成，推动价格不断达到新的高位。

2. 股价稳健回升： 从价格走势来看，由于超大单资金流入，股价走势稳健。价格回升趋势不断得到确认，这通常是新一轮的飙升走势出现的信号。

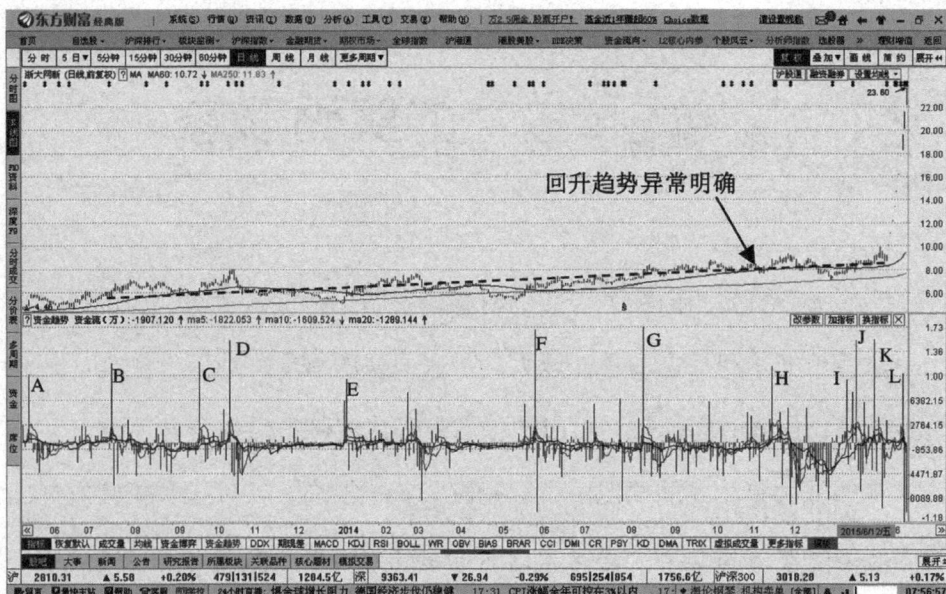

图2-1　浙大网新日K线图

操作要领：

如图2-1所示。

1.从超大单资金流入来看，图中资金流入接近或者超过1亿元的情况非常多。从标注的字母看，从字母A到字母L的单一交易日的超大单净流入都高达1亿元，说明主力投资者在长达1年半的时间里都在稳健操盘。

2.价格回升趋势显著，从图中虚线标注的价格走势来看，我们可以发现股价回升趋势还是很明显的。价格震荡上行的时候，交易机会出现在任何阶段。

总结

在主力超大单资金推动的情况下，我们可以发现价格走势非常稳健。虽然股价累计涨幅不高，并且股价还未进入明显的飙升状态，但是这正是主力超大单买入股票期间的建仓交易机会。作为散户投资者，我们跟随主力完成建仓的机会还很多。

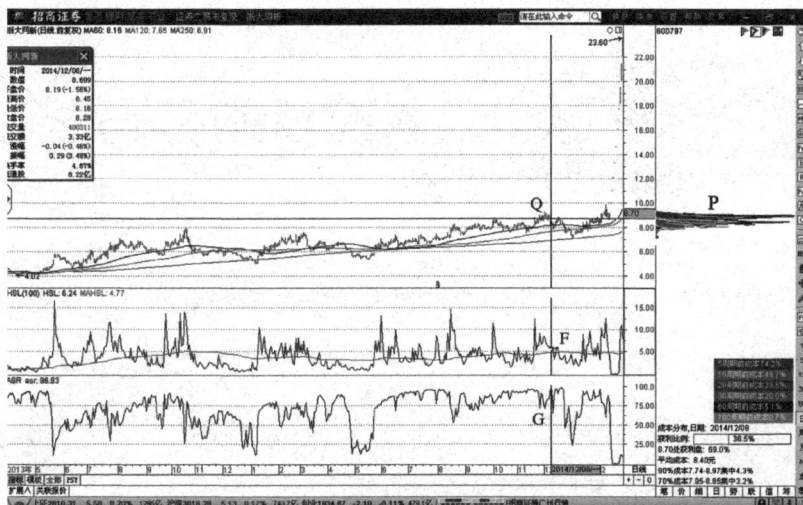

图2-2　浙大网新日K线图

操作要领：

如图2-2所示。

1.从筹码形态来看，图中P位置显示的筹码峰为单一的峰形。显然，这种筹码峰形态是在超大单资金流入的情况下出现的，表明主力投资者长时间买入股票以后，持仓成本已经非常集中。

2.查看ASR指标，我们发现图中F位置显示的换手率处于5%以上。平均换手率达到5%，这显然不是散户投资者所为。主力大资金的进入，也是推升换手率的重要因素。

3.图中G位置显示的浮筹指标已经处于高位运行，证明股价处于高浮筹的价格区域。筹码集中度很高，在主力建仓完毕的时候，这种形态很容易成为价格加速上行的信号。

总结

当主力超大单买入股票时，体现在筹码上是单一的筹码峰形态出现。成本集中度不断提升，而股价脱离低位加速上涨的概率也会越来越大。

2.2 资金连续流入控盘的筹码形态

从资金博弈的角度分析，如果超大单资金总是更胜一筹，我们可以确认价格能够维持强势运行状态。超大单高位回调以后再次走强的时候，价格出现加速飙升的概率很高。在发现和确认超大单资金长期控盘的个股后，我们买入这类股票能够轻松获取收益。

形态特征：

1.超大单线高位运行：超大单线高位运行时，说明主力一直明显介入。只是在超大单线回调至0的过程中，操盘力度不高。因此，价格还未进入明显的回升阶段。

2.超大单线突破促使股价飙升：一旦确认超大单线高位运行，并且出现了加速回升迹象，股价就能够明显摆脱调整形态，进入飙升状态。

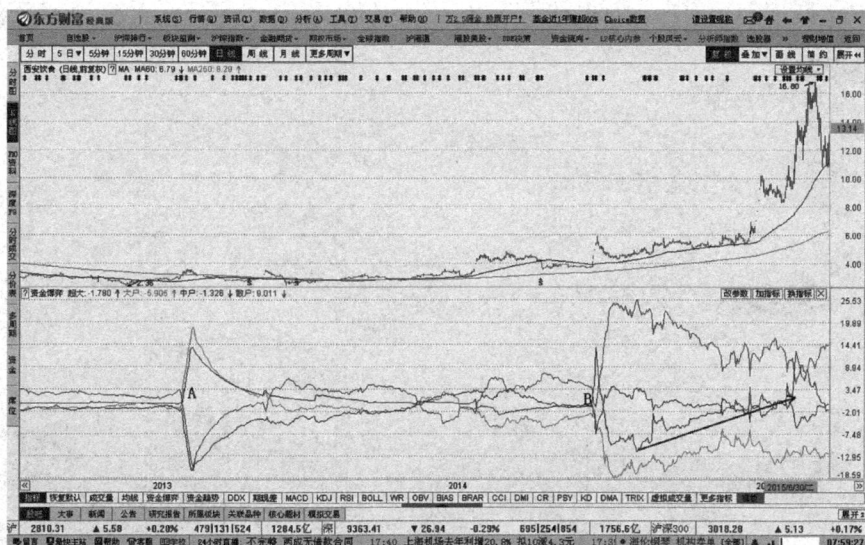

图2-3　西安饮食日K线图

操作要领:

如图2-3所示。

1.从超大单线看,图中从A位置开始,超大单线就已经快速飙升。从A到B的时候,超大单线始终维持高位运行。从操盘的角度看,主力始终如一地对该股进行掌控。

2.从交易机会看,超大单线在A位置突然飙升,接下来超大单线虽然回调却没有跌破0轴线。我们可以在超大单线回调的时候确认低位的买点。

总结

利用超大单线,我们可以确认主力始终在操盘当中。并且,超大单线处于0轴线上方的时候,主力买入股票的动作始终没有停止。其结果是,筹码一定会向主力集中,而筹码形态上也会体现为单峰形态,为价格继续上涨提供动力。

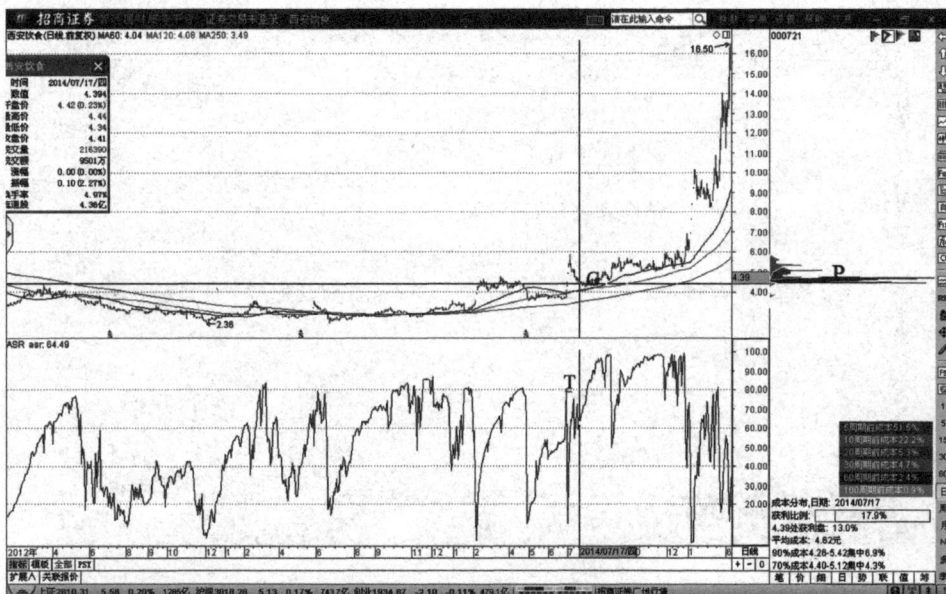

图2-4　西安饮食日K线图

操作要领：

如图2-4所示。

1.从筹码形态来看，图中P位置的筹码峰规模很大，并且是非常集中的单一筹码峰形态，可见该股的筹码集中度很高，这显然是在主力超大单长期控盘以后出现的结果。

2.从ASR指标的表现看，图中T位置显示的指标回升至高位的80以上区域，这是价格处于高浮筹位置的信号。同时，G位置的价格已经是股价突破筹码峰之后的回调状态，这是我们买入股票和今后继续盈利的机会。

总结

在超大单控盘的过程中，我们可以发现主力投资者已经收集了足够多的筹码。反映在筹码形态上，单一筹码峰为价格上涨提供了强势支撑。所以，在超大单控盘阶段，我们能够确认主力操盘过程，并且能够确认价格还未上涨前的低位买点。

2.3 脉冲大单控盘筹码形态

主力有足够的资金实力长时间买入股票，以便最终收集足够多的筹码。这个时候，我们可以通过脉冲放大的超大单线来确认主力操盘信号。脉冲放大的超大单线对价格整体产生了积极影响，是价格得以回升的基础。

脉冲超大单线出现的次数越多，股价进入回升趋势的概率越大。在价格还未大涨的时候，脉冲超大单便是主力投资者建仓的信号。我们不是在脉冲超大单出现以后马上建仓，但是应该关注中长期形成的脉冲超大单形态，以及期间的买入股票的机会。

短期的超大单线出现很容易被投资者忽视，因为超大单线出现的时间较短，是以脉冲形式完成的建仓动作。主力投资者实力较强，却又不想高价建仓。脉冲形式出现的超大单对价格波动造成的影响较小，使得主力投资者能够在中长期的趋势中完成低价吸筹的目标。

同样地，确认脉冲超大单吸筹结束的信号是筹码形态。筹码形态达到空前集中的形态便是价格调整到位和主力建仓完毕的信号，同时也是股价走强的信号。

形态特征：

1.**脉冲超大单出现概率很高**：超大单线出现的概率越大，证明主力建仓越频繁。在超大单线飙升以后，我们可以发现在超大单线冲高回落至0轴线前，总是会有新的超大单买入股票，使得超大单线二次回升。这是确认超短线频繁出现的依据。

2.价格低位横盘时间超过一年：价格横盘在低位的时候，表明主力投资者已经利用超大单建仓达到了吸筹目标。股价不可能总是维持在低位运行，只要主力吸筹完毕，价格就会脱离超大单线出现的低价位区域。

3.筹码调整到单一的峰形：超大单线不断成为推动价格上涨的因素，而末期我们会发现，筹码已经调整到单一的筹码峰形态。这表明，经过筹码转换以后，主力投资者已经完成了吸筹动作。筹码集中到主力手中，股价距离飙升已经更近一步。

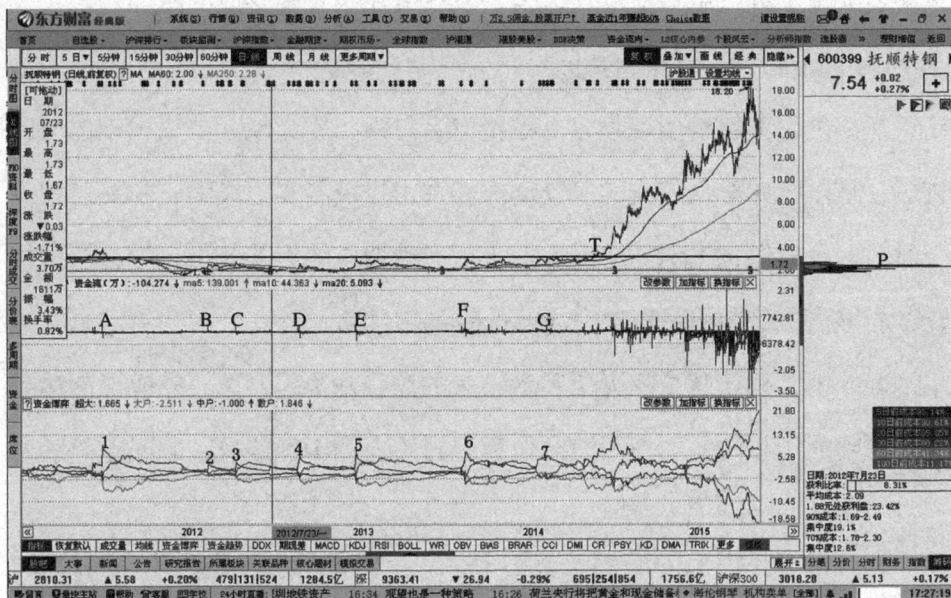

图2-5　抚顺特钢日K线图

操作要领:

如图2-5所示。

1.从脉冲大单来看,图中显示的从A到G位置都出现了脉冲大单,这是主力投资者快速介入的信号。虽然主力投资者没有连续买入股票,但是在脉冲大单次数不断增加的过程中,主力获取了更大规模的筹码。

2.从超大单线表现来看,图中从1到7位置显示的超大单线都出现了明显的脉冲形态。超大单线不断出现冲高回落的走势,但是都没有明显跌破0轴线,这能够说明主力始终在操盘。从中长期的表现看,操盘期间资金处于连续流入的状态。

3.图中P位置显示的筹码峰规模很大,这显然是主力投资者吸筹结束的信号。同时,我们可以确认筹码主峰成为主力投资者的主要持仓成本区,是价格即将获得支撑的最后一次买点。

总结

　　脉冲形式的超大单线出现的频率越高,主力投资者建仓时间越短。价格受到超大单流入影响,我们很容易发现脉冲超大单形态,因而确认主力建仓动向就更容易了。筹码形态上体现的单峰形态则是确认主力建仓结束的信号,也可以是我们最后一次买入股票的机会。

2.4 ASR指标高位滑落形态

浮筹指标ASR是非常好的确认价格突破前压力的指标。该指标处于高位的时候，表明浮筹较多，价格脱离浮筹区域前必须具备强有力的趋势才行。在实战当中，我们可以通过ASR指标高位回落确认主力拉升股价的动作，为追涨买入股票提供机会。

通常，浮筹指标ASR很少能够达到90以上的高位区。只有在筹码集中度很高的情况下，该指标才可能回升至90上方。这期间，股价处于筹码峰内部。不管股价今后的走向如何，只要脱离高浮筹区域，就必须有一定的突破力度才行。

我们通过确认ASR指标从高达90以上的区域回落，便可以确认行情加速点的信号。如果ASR指标可以从90上方开始杀跌，那么我们就能够确认价格即将摆脱高浮筹区域。这个时候把握好单边趋势，就能够获得较好的投资效果。

不管价格向哪个方向突破，ASR指标都会从90上方的高位杀跌下来。在价格加速回升阶段，ASR指标从高位回落，都体现了主力投资者的操盘动作。如果股价加速上涨，那么这正是股价飙升的信号，通常也是最后一次确认低位买点的时刻。

形态特征：

1.浮筹指标ASR调整到90上方：ASR调整到90上方以后，我们认为价格已经处于高浮筹状态。90%以上的筹码集中分布在狭窄的上下5%以内的价格区域，这是非常典型的筹码集中分布的形态。

2.价格横盘运行3个月以上：通常，浮筹指标ASR运行到高位的时候，股价已经横盘运行了3个月以上。所以我们认为股价已经调整到位，这是高浮筹状态下的突破信号。

3.单一筹码主峰形态出现：单一的筹码主峰形态出现的时候，说明主力投资者已经大幅度买入股票，并且使得股价调整到突破前的状态。如果筹码峰提供了强势支撑，股价自然能够加速脱离筹码峰区域。

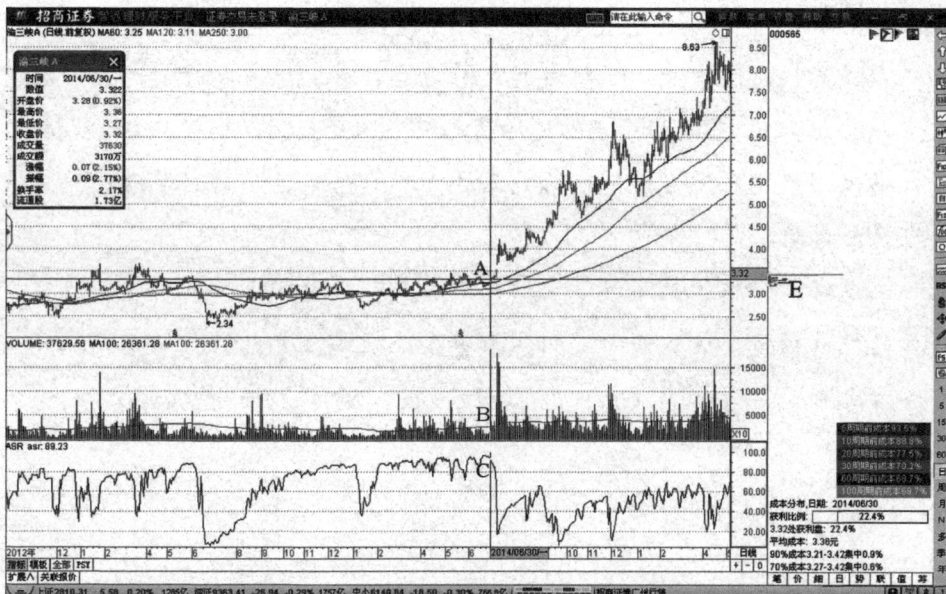

图2-6　渝三峡A日K线图

操作要领:

如图2-6所示。

1.从浮筹指标ASR来看，图中C位置显示的ASR指标已经达到90上方，这是股价调整到位的信号，表明价格处于大量浮筹存在的区域，回升趋势遇到了强主力。

2.从筹码形态来看，图中E位置体现了明显的单一筹码峰形态，这是股价调整到位后的重要信号。E位置的筹码峰规模较大，成为推动价格上涨的重要支撑形态。

3.从价格调整情况看，该股从低位企稳以后，横盘调整时间已经长达半年以上。如此长的调整已经为主力投资者创造了足够的建仓时间。

总结

我们认为图中股价调整时间足够建仓，并且浮筹指标ASR已经高达90以上。B位置的放量显然是主力拉升股价的结果。通过确认ASR指标高位回落，我们可以更好地确认主力操盘信号，这对于今后的持股有很大帮助。

通常，价格脱离高浮筹区域以后，ASR快速回落，表明主力已经加速拉升股价。这从侧面说明主力建仓已经结束，并且开始大幅拉升股价上涨。

2.5 CYQKL超强拉升形态

通过价格突破筹码峰的规模，我们可以发现主力投资者操盘动向，因为散户投资者买卖股票的时候，很难使得股价短时间内脱离更多的筹码区域。因为阻力的存在，价格突破大量筹码，需要的资金量也会更高。随着股价有效脱离筹码密集分布区域，相应的主力操盘也达到更充分的状态。

通常主力动用资金越多，价格突破更多筹码的成功率越高。如何确认价格突破筹码的效果，使用CYQKL指标就可以了。该指标数值越大，表明股价有效穿越筹码规模越大，相应的主力操盘力度也越大。如果价格能够顺利脱离筹码峰对应的压力区，CYQKL数值可以高达60。这个时候，通常也是我们确认主力加速拉升股价的信号。

在实战当中，只要CYQKL数值可以达到30以上，我们就可以关注主力动向了。甚至在非常平淡的价格走势中，CYQKL只需达到10，我们就能发现主力有操盘的异动。根据异动确认主力在操盘，对主力操盘的性质进行分析，就可以得到相应的买卖信号。

形态特征：

1.CYQKL达到30以上：当CYQKL指标高达30以上的时候，我们可以确认价格走势强劲。通常，这都是主力介入的信号。当然，CYQKL指标数值越高，表明主力介入越明显。不过相比较平日里CYQKL的波动空间，入股CYQKL若是日常指标波动的2倍以上，也能够确认主力正在操盘。

2．筹码主峰已经形成：在筹码主峰形成以后，价格脱离筹码主峰的概率并不大。但是在主力操盘期间，这种突破走势就容易形成了。

3．量能体现为放量状态：在量能放大之时，表明股票活跃度相对较高。这个时候，更说明是资金量大的主力开始介入。随着量能放大，价格会有更好表现。

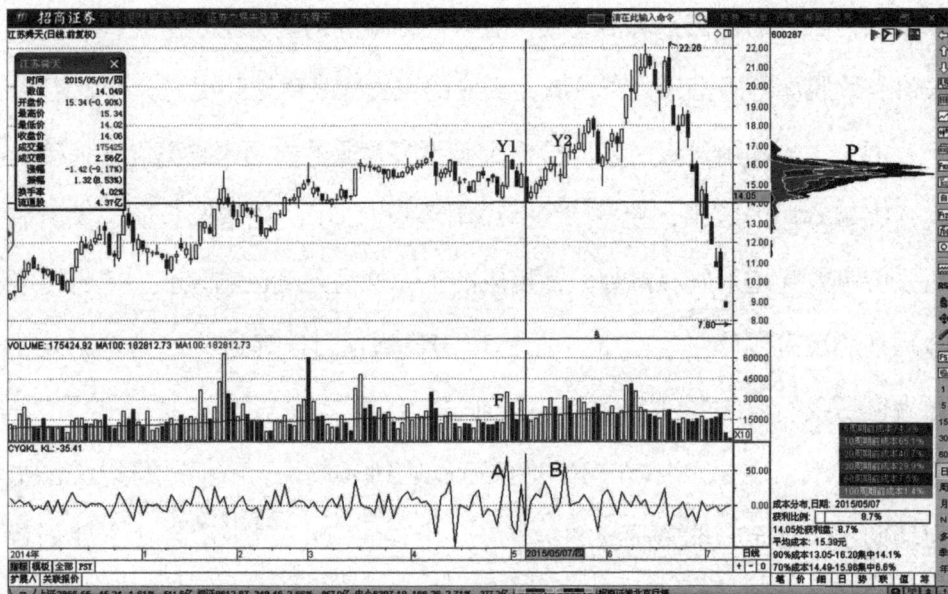

图2-7　江苏舜天日K线图

操作要领：

如图2-7所示。

1．CYQKL达到50以上高位：指标高达50以上，这是图中A和B位置的数值体现出来的，我们认为指标达到了很高的程度。因此，主力已经再次介入其中了。连续两次拉升股价的时候，我们能够明显发现主力正在操盘。

2.量能有效放大：图中显示的F位置的放量非常明显，这是在量能萎缩情况下出现的放量，量能超过前一个交易日的2倍以上，体现了主力强势介入的信息。

3.大阳线突破筹码压力区：图中Y1和Y2位置显示的大阳线形态实体很大，成为推动价格脱离筹码峰的信号。而图中P位置的筹码主峰已经形成。大阳线脱离筹码主峰，显示主力对盘面的控制趋于强势。

总结

　　CYQKL指标显示的主力操盘信息非常丰富，使得我们能够在日K线突破信号出现的那一刻确认交易机会。而从分时图来看，如果我们已经在分时图中发现主力操盘的动向，那么在分时图收盘前同样可以发现主力操盘信息。

2.6 SSRP被价格穿越形态

投资者的持仓成本区是比较大的阻力位，价格回升期间也必须要突破该阻力区，才能够以更大的涨幅飙升。在实战当中，我们可以发现股价有效突破SSRP指标对应的价位，这是主力操盘的结果。

按照这个思路，我们只需要首先确认SSRP所在价位，在价格有效突破SSRP的过程中确认突破信号和交易机会，就能够获得比较好的投资效果。

在股价运行期间，价格与SSRP指标通常不会在同一价位。而股价在从低位向上飙升的过程中，价格突破SSRP所在价位。突破效果越好，越能证明短线抛售压力并不能压制价格上行。因而我们就能够确认主力操盘信号以及相应的买点了。

形态特征：

1.股价放量突破SSRP：SSRP指标被股价放量突破，这通常是确认价格强势的机会，同时也是我们发现主力动向的时刻。股价突破SSRP所在价位，证明价格已经达到多数投资者的持仓成本区上方，这是股价能够稳定上涨的基础。

2.SSRP稳定运行：在SSRP稳定运行的情况下，股价更容易企稳回升。特别是在SSRP横向调整结束以后，股价脱离SSRP指标的过程即是价格开始发力上攻的过程。

3.价格确认突破有效：价格突破SSRP指标时，表明股价已经稳定运行在投资者的平均成本上方。这样一来，股价距离进一步脱离SSRP指标所在的成本区已经为时不远。这同样说明主力操盘达到深水区，价格飙升空间有望进一步提升。

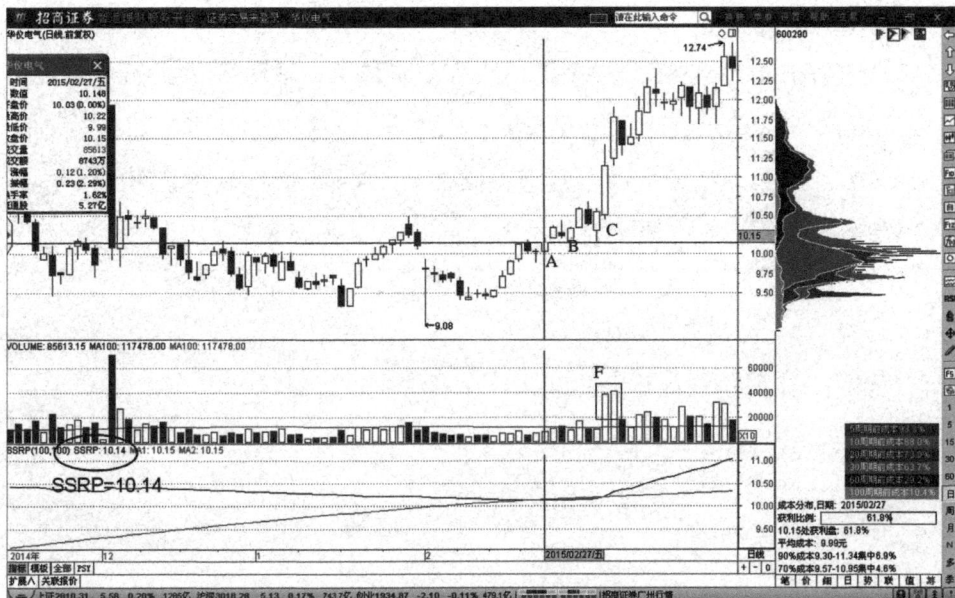

图2-8　华仪电气日K线图

操作要领：

如图2-8所示。

1.SSRP数值为10.14，这是股价突破筹码峰前的投资者持仓成本区。确认SSRP所在价位非常重要，一旦股价脱离10.14元，就证明股价已经脱离投资者的平均持仓成本区。

2.股价收盘在10.15元，当前价位已经在A位置达到10.15元，说明股价脱离了SSRP对应的10.14元的压力区。而B和C位置进一步出现双阳线，价格脱离SSRP越来越远，表明投资者的盈利空间越来越大。

3.量能有效放大，量能在图中F位置显著回升，这些都是价格上涨的
信号。F位置的量能较大，相当于100日等量线的2倍。因此，量能上
体现了主力控盘力度很强，股价能够脱离投资者的持仓成本区。

总结

　　价格有效突破SSRP的时候，显然并非轻易突破该价位，而是经历
了明显的调整以后，才开始放量脱离SSRP。这个时候，多数投资者都
已经盈利，主力投资者控盘逐步达到高潮，拉升使得股价能够进一步
的上涨。同时，我们持股的话，也能够进一步扩大盈利。

第3章
主力操盘时价格异动

　　主力操盘的时候，表现最清晰的是分时图中的量价走势。我们经常关注日K线的价格走势，分时图却是主力操盘的主战场。价格在某一时段内的异动，是大量资金流入和流出的结果。特别是在主力投资者动用大笔资金拉升股价的时候，关注分时图中的价格异动，可以第一时间确认主力动向。同时，结合价格表现与筹码的相对关系，我们追涨可以确认股价突破筹码的力度。价格突破筹码的力度越强，表明价格脱离投资者的成本的速度越快，相应的行情更容易形成。

　　本章充分揭示了分时图和日K线图中的价格异动，以及相应的异动期间的交易机会的表现。通过确认价格异动以及穿越筹码的力度，不难发现主力在不同阶段的操盘过程。

3.1 分时图价格异动信号

确认价格是否已经被主力操盘，我们可以在分时图中发现主力动向。主力操盘过程总会第一时间体现在分时图中。特别是在股价波动空间较大的时候，价格异动更容易使我们发现主力操盘动向。

通常在主力拉升和建仓阶段，股价更容易出现跳空上涨的走势。随着股价跳空高开，投资者更会关注这类跳空个股，从而推动价格出现更好的表现。跳空高开的个股也很容易出现高开高走的情况。高开以后股价继续在盘中飙升，甚至出现涨停的情况，这便是主力强势操盘的结果。

3.1.1 高开高走大量拉升

在分时图中，在集合竞价阶段主力投资者就已经开始买入股票，使得股价以高开的形式拉升至价格高位。而主力操盘有连续性，况且如果不是洗盘的话，一定会在分时图中再次发力，因而相应的股价也会高开以后出现高走的情况。股价高开高走，推升价格有效脱离压力区。从价格表现看，毫无疑问我们能够确认主力已经在操盘过程中。

形态特征：

　　1.**开盘价格出现上涨**：高开期间，确认股价走势较强，表明主力投资者已经开始介入。如果量能放大并不多，我们可以等待分时图中继续出现放量飙升的走势，再次确认主力动向。

2.盘中出现二次放量：如果成交量在盘中二次放大，毫无疑问我们能够确认主力已经开始操盘。当价格震荡企稳的时候，我们可以发现股价已经被拉升至涨停价，而这显然是散户投资者不容易做到的事情。

当价突破筹码峰对应的压力位以后，我……走强具有突破性。作为主力操盘的重……对应的压力区，使得我们相信今后价……看，我们跟随主力动向介入个股，就……

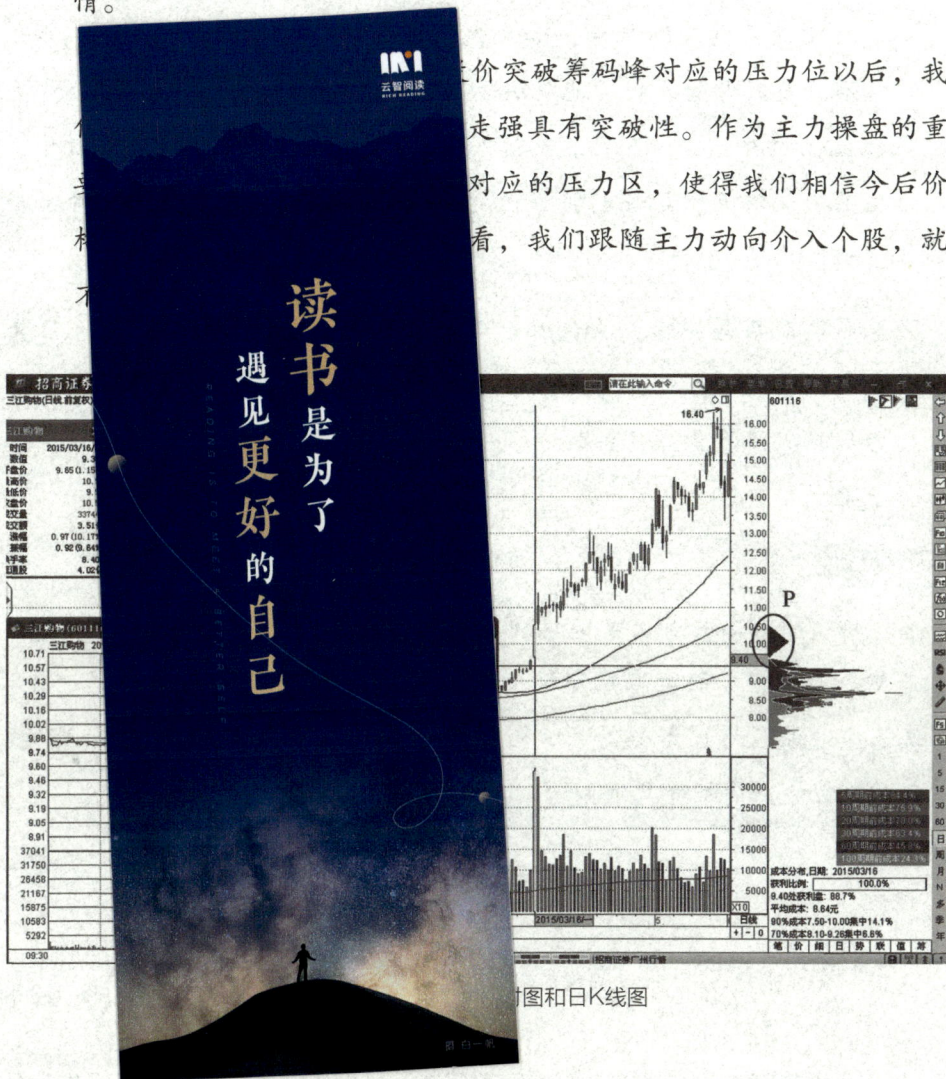

……时图和日K线图

操作要领：

如图3-1所示。

1.开盘股价上涨：分时图中我们发现该股已经高开，并且上午盘中价格强势运行在涨幅1%以上的短线高位，这是非常典型的主力参与的拉升信号。

2.盘中放天量股价涨停：如果我们还不能完全确认主力介入，那么午后天量拉升毫无疑问地确认了主力操盘过程。图中B位置的天量量能出现的时候，一分钟成交达3万手以上。股价在A位置快速飙升。主力以一次天量拉升就将股价打入涨幅9%以上，散户没有这种拉升能力。

3.价格脱离筹码峰：收盘以后我们确认日K线图中价格脱离了P位置的筹码峰，并且出现了新的筹码形态。很显然，主力投资者操盘力度很大，促使等量筹码向上转移。同时，这次筹码转移也成为推动价格上涨的积极因素。

总结

确认股价高开并不是困难的事情。股价高开以后冲击涨停价，这是又一次提醒我们主力开始操盘。随着操盘力度的提升，该股在日K线图中也表现为脱离筹码峰对应的压力区。可见，我们已经发现主力拉升股价的操盘动作。

3.1.2 高开持续放量拉升

从分时图来看，如果主力投资者打算拉升股价的话，会在高开以后不断以脉冲形式拉升股价，而不是等待价格回调以后再考虑拉升。股价以跳空上涨的形式高开的时候，主力投资者已经开始控盘，只是在开盘阶段，还没能把股价拉升至涨停价位。高开以后，我们会发现分时图中股价继续出现放量走强的情况，这是主力操盘应有的量价表现，同时也是我们确认买点的有利时机。

在分时图中，主力投资者在开盘阶段已经开始操盘，使得股价以高开的形式运行。盘中股价持续放量走强，使得回升趋势得到很好的延续。如果我们确认了这样的买入股票的时机，自然能够获得较好的投资效果。因为主力投资者正在拉升股价，这对于我们短线持仓后盈利非常有利。如果股价已经顺利突破了短线压力区，那么价格实现较大涨幅并非难事。

形态特征：

1.**分时图持续放量**：分时图中量能放大时间越长，表明主力控盘力度越大。持续放量的时候，股价不仅会出现高开的走势，而且会在分时图中单边上行，这是需要关注的地·方。从价格高开上涨我们确认主力在期间操盘，不然股价不会出现明显的强势运行状态。

2.**股价高开高走突破压力位**：当股价高开高走以后，我们可以确认价格能够有效突破压力区，这也表明主力操盘是非常成功的。当价格脱离了主要的筹码峰位置压力位时，那将是我们确认建仓的时刻。确认价格突破压力位以后，相应的持仓可以有效获得收益。

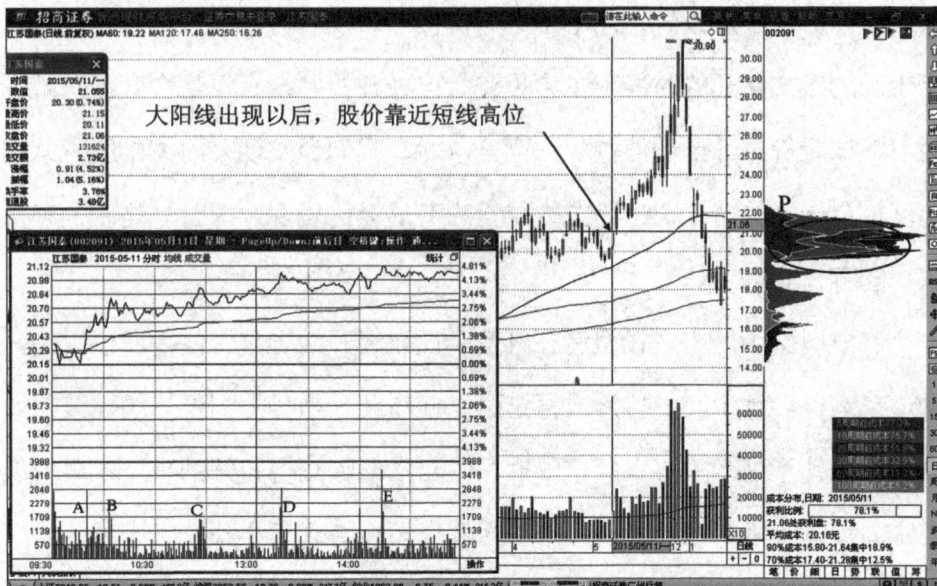

图3-2　江苏国泰分时图和日K线图

操作要领：

如图3-2所示。

1.分时图量能脉冲放大：分时图中量能不仅在开盘阶段放大，而且分时图中成交量始终维持高位，虽然是以脉冲形式出现的量能，但是足以说明主力明显持续介入该股。在成交量脉冲放大的过程中，股价能够在盘中始终维持强势，直到收盘的那一刻。

2.日K线股价穿越筹码主峰：日K线图中当大阳线有效穿越了筹码主峰以后，我们能够把握好价格突破的信号，便能把握好最佳的盈利机会。图中P位置的筹码规模较大，是非常重要的压力位。而随着大阳线有效突破P位置的筹码峰，股价上涨趋势得到很好的确认。

总结

在主力操盘阶段，一般的压力区都会被价格突破。随着股价涨幅的扩大，我们可以确认价格突破压力区以后的盈利机会。在回升趋势中，我们这种主力操盘阶段的盈利时机非常典型，通常都是比较好的买入股票机会和扩大收益的时刻。

3.1.3　先抑后扬拉升型

在主力投资者介入个股的时候，拉升股价的时机是主力决定的，并非散户投资者能够精准预测到。特别是在分时图中，虽然股票交易时机不长，但是股价飙升的时刻一定是主力开始拉升股价的时候。选择何时拉升股价，主力有自身的操盘目标。

如果主力投资者打算在减少抛售压力的情况下拉升股价，通常会在分时图尾盘拉升股价，这个时候更能够获得历史效果。事实上，尾盘拉升股价不会吸引过多的散户投资者关注，相应的抛售压力会比较小，这有助于价格走高。

特别是随着分时图中洗盘的完成，股价可以出现先抑后扬的上涨走势。开盘后不久股价出现回调走势，但是尾盘放量上攻，呈现出明显的强势状态。而股价上涨收盘以后，日K线图中以大阳线完成突破走势，进一步加强了日K线图中的股价走强趋势。

形态特征：

1.分时图股价先抑后扬：分时图中股价先抑后扬，表明主力虽然在开盘阶段打压股价，但是并未放手让股价下跌。上午盘中的价格下跌主要是主力放任散户投资者打压股价的结果，并且在分时图中达到了洗盘效果。上午盘中股价回调有助于稳定投资者持仓。洗盘结束以后下午盘股价放量走强，正体现了主力投资者的真实操盘意图。

2.尾盘放量提示主力开始操盘：分时图中在尾盘股价强势运行的过程中，价格尾盘飙升空间越大，说明主力投资者拉升的效果越好。通常，尾盘股价大幅上涨以后，我们自然能够在持股状态下获得收益。尾盘股价走强是非常难得的看点。

3.日K线图中价格强势依据：如果日K线图中价格本身已经处于回升趋势，那么分时图中股价尾盘走强就不难理解了，这是回升趋势延续的结果，同时也是主力投资者强势控盘过程的结果。按照这个节奏，价格延续回升趋势并不困难。

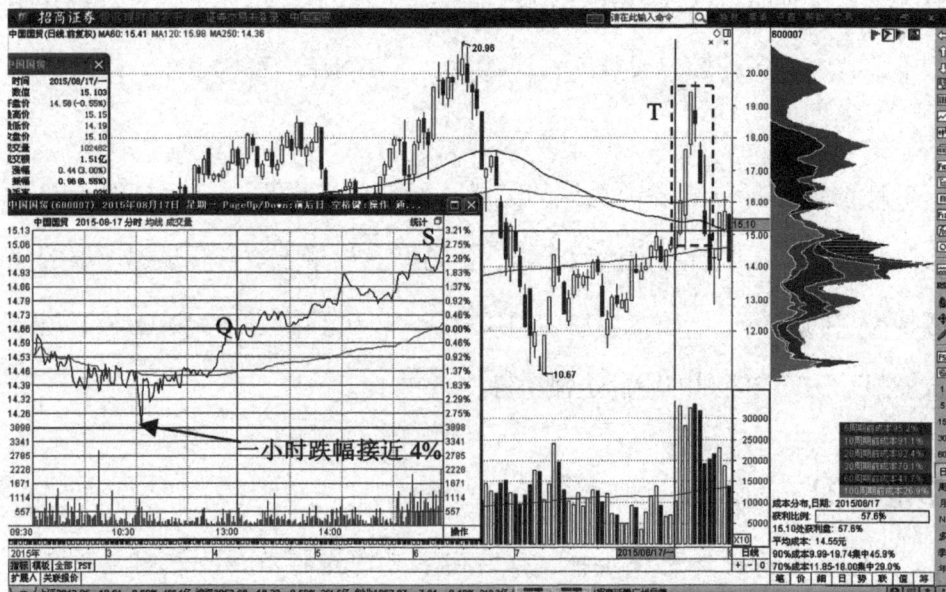

图3-3　中国武夷分时图和日K线图

操作要领：

如图3-3所示。

1.分时图价格探底回升：分时图中在股价探底回升的过程中，价格低位的支撑自然得到了体现。如果支撑始终发挥作用，那么价格则不会出现二次回落的情况，而是不断延续反弹节奏，使得当日能够收盘完成阳线形态。

2.尾盘强势拉升体现主力操盘意图：在尾盘股价强势飙升的过程中，我们可以毫不犹豫地确认拉升意图。价格强势特征非常明显，而尾盘股价飙升走势出现以后，我们有理由大幅度提升盈利空间。

3.日K线继续走强推动价格上涨：日K线价格延续回升趋势，这是分时图中拉升走势的延续。分时图中股价强势回升，完成了日K线图中又一根阳线形态。图中T位置价格强势上涨达20%以上，是主力显著操盘的结果。

总结

日K线图中，股价在局部走势中强势上攻，离不开主力投资者参与其中。在主力投资者利用资金优势拉升股价的过程中，会吸引大量散户投资者跟进，这样就能够促使股价涨幅再上一个台阶。

在分时图中，如果我们确认价格走势不强，无论如何也不能轻易确认主力操盘动作。不过一旦价格放量上攻，结合日K线图中主力操盘的节奏，我们能够发现主力正在操盘。而价格表现越是强势，越能够让我们相信这样的结论。

3.1.4　跳空高开突破型

在股价下跌节奏中，通常确认主力操盘意图的方法是发现并且确认股价高开的突破信号。因为一旦股价跳空高开，那么价格上涨背后一定有大量资金推动。而主力投资者资金量大，是推动价格高开的重要因素。而分时图中价格不仅出现高开，而且在高开以后单边上涨，更毫无疑问能够确认主力的操盘过程了。

随着主力操盘意图不断得到确认，在价格上涨的过程中我们有足够的时间确认买点，提升盈利空间。

在实战当中，发现这样的跳空缺口并不困难。通常在大盘不断调整的过程中，一旦出现股市企稳迹象，强势个股总是能够表现为跳空上涨的走势，这是值得我们关注的地方。

形态特征：

1. 股价跳空上涨：股价跳空上涨的时候，表明主力在开盘阶段已经开始介入。在高开的过程中，多空争夺的结果显然是以主力强势操盘股价高开结尾。高开以后，主力的操盘动作会不断暴露出来。

2. 盘中强势运行到尾盘：分时图中价格强势高开以后，股价能够将强势运行延续到尾盘阶段。也就是说，价格能够在高开以后高走至更高价位，直到收盘的那一刻。

3. 日K线图中完成跳空走强缺口：如果日K线图中价格已经处于低点，并且股价还未走强，那么跳空上涨的阳线缺口一定是主力介入的信号。分时图中主力操盘力度越大，日K线图中阳线缺口提供的买点越精确，此时成为我们低位建仓机会的可能性越大。

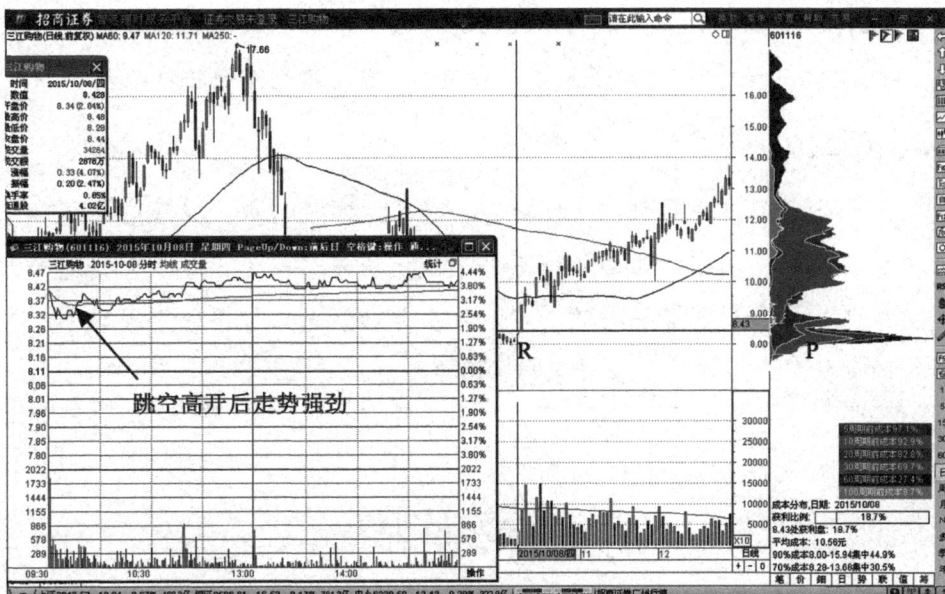

图3-4 三江购物分时图和日K线图

操作要领:

如图3-4所示。

1.股价跳空高开: 分时图中股价高开运行,这是主力开盘介入个股的信号,同时也是价格能够走强的信号。开盘上涨3%以上,意味着该股涨幅较大。

2.盘中强势运行延续到收盘: 股价高开以后,价格高位运行时间较长。直到收盘的那一刻,该股始终具备3%以上的涨幅。因此我们认为这是非常典型的高开高走形态,也是突破阻力位的有效价格表现。而主力投资者在其中发挥了较大作用,使得股价具备了连续走强的基础。

3.日K线跳空高开完成突破: 分时图中股价表现强势,我们认为主力有效操盘起到很大作用。随着跳空阳线的出现,日K线图中股价已经有效脱离底部区域，使得股价有能力获得支撑并且加速上行。图中R位置的跳空阳线脱离了P位置的筹码峰底部，成为我们看涨的起始点。

总结

价格低位出现的跳空上涨走势，总是非常吸引散户投资者参与其中。随着跳空阳线脱离筹码峰底部，我们认为这是为投资者盈利创造了机会。主力投资者参与的操盘才刚刚开始，而在价格脱离筹码峰底部的过程中，持股的投资者盈利空间自然会提升。

3.1.5　放量震荡强势拉升型

多空争夺都体现在分时图中价格宽幅震荡的时刻，同时，主力投资者要想操盘成功，也必须在争夺中占据主导地位才行。所以其结果是，在股价放量震荡的过程中，盘中或者尾盘总会有资金主力掌握主导权。一旦确认主力掌握了主动权，股价从低位企稳就容易多了。

在实战当中，我们可以根据分时图中尾盘主力放量拉升股价确认震荡行情中的买点，从而提升盈利空间。如果价格已经在震荡中开始企稳，量能放大的时候，我们就可以发现资金流入的显著信号。主力投资者开仓低位吸筹，拉升股价到比较高的价位。最终，看似不可能的价格走强信号出现，我们可以确认投资收益。

震荡加剧的时候，主力投资者总是会在低位大量买入股票，可以说，此时不仅是主力低吸建仓的机会，同时也是拉升股价的有利时机。如果价格本身已经处于比较活跃的状态，那么随着主力投资者再次强势介入，相应的股价自然还是会强势运行，盈利机会就会得到兑现。

形态特征：

1.股价盘中缩量超跌：股价在盘中缩量超跌之时，我们可以确认抛售压力较大。这个时候，如果量能随之达到地量状态，那么说明抛售压力明显减轻，相应的量能放大之时股价可以轻松企稳。

2.尾盘放量跳涨确认主力操盘：在尾盘量能放大的过程中，股价出现跳涨现象，这是主力投资者做多的信号。行情发展总是会在放量之时启动，主力放量拉升便是做多的机会。

3.日K线图中价格穿越压力区：日K线图中股价向上穿越筹码阻力位，提示我们行情已经向好的方面发展。在主力操盘的这个阶段，正是我们持股的好时机。至少从短期看来，阻力位对价格回升的影响甚微，我们的持股策略依然有利可图。

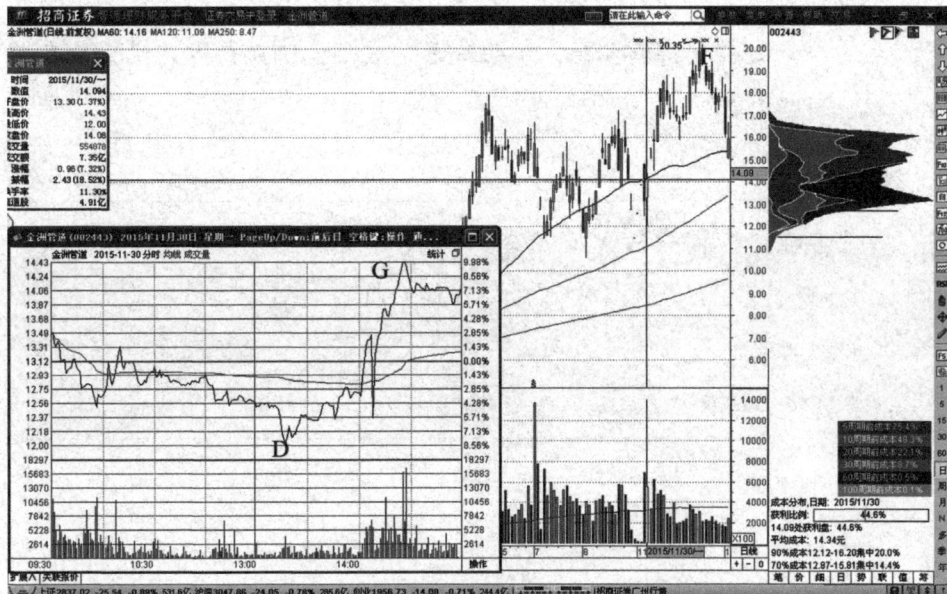

图3-5　金洲管道分时图和日K线图

操作要领：

如图3-5所示。

1.股价盘中出现地量超跌：股价高开以后震荡下挫，下午盘D位置的跌幅已经高达8%以上，表明该股已经出现超跌走势，不过对应的量能在达到地量的同时，我们认为该股下跌走势不可持续。快速杀跌体现了短线交易的散户投资者止盈操作，却没有反映出主力的出货动向。

2.放量企稳后股价强势拉升：午后尾盘股价放量上行的时候，图中股价在G位置飙升至涨停价位，显示主力拉升意图明确。主力趁低吸的机会拉升股价，这是操盘得到延续的信号。

3.日K线图中价格穿越筹码峰中心：日K线图中价格已经穿越了P位置对应的筹码峰中心，表明价格表现还是非常强势。自然，这个时候的主力操盘过程也得到体现。从短线看，我们能够确认这是主力操盘过程阶段盈利的时刻。

总结

　　股价在分时图中放量震荡期间，散户投资者的不理性使得价格跌幅较大，不过主力操盘恰好需要这样的机会。随着主力投资者在股价回调期间完成抄底动作，买入股票以后能够拉升股价脱离筹码阻力区，为价格上涨提供动力。

3.2 K线图价格异动形态

在主力操盘期间，我们可以从价格异动中确认主力操盘。任何价格波动都是资金进出的结果，而主力拥有的资金量更大，对价格影响也更深刻，平日里价格稳定运行期间不多见的大阴线、大阳线、超长十字星等都会出现。K线不同的形态特征，体现了主力操盘过程和操盘意图。

在实战当中，我们可以发现异动的K线形态并非每日都有。在更多的交易日里，价格运行平稳。或者说，对于不同的个股，价格按照一个节奏来运行。只有股价出现明显的回落或者拉升以后，才会出现十字星的价格异动。而价格突破上涨或者破位下跌期间的K线形态才更容易出现大阳线和大阴线。

在关键价位出现的价格异动走势，形成了股价运行的价格形态。主力投资者充当了运作股价的主力，价格异动体现出主力的真实意图。而主力操盘时间越长，可以确认主力意图越明确。其实，主力操盘确实具有连续性。主力一次操盘并不能达到目标，而是会在相当长的一段时间里操盘，最终实现大幅盈利和高位套现的目标。

3.2.1 主力拉升大阳线形态

调整形态完成以后，主力操盘多以大阳线拉升股价为主。在大阳线形态中，股价实现了较大涨幅，使得价格能够轻松突破压力。这样一来，回升趋势就能够得到很好的延续。可以说，大阳线形态是任何阶段都必须要关注的突破形态。通常，大阳线形态完成以后价格会表现出强势运行状态，而不是以假突破的走势冲高回落。所以，大阳线无疑是我们确认建仓机会的时刻。

形态特征：

1.大阳线突破压力区：大阳线出现以后，如果压力区被有效突破，那么大阳线的形态特征便会体现出来。随着大阳线形态的完成，我们可以确认股价即将进入回升趋势。从这个角度看，我们能够确认股价被主力操盘的信号。

2.量能突破等价线：量能达到等价线上方，这是量能有效放大的结果。成交量达到100日等量线上方，我们认为成交量已经出现了显著回升，主力资金进入是量能放大的基础。量能可以推动价格稳步上行，为投资者带来不错的收益。

3.大量筹码处于盈利状态：大量筹码处于盈利状态的时候，我们可以确认股价脱离了这样的压力位。随着股价上行趋势得到很好的确认，股价在脱离压力位的同时，也突破了筹码峰对应的阻力区。从主力投资者操盘的角度分析，也只有资金量大的主力能够快速拉升股价上涨。这样，确认主力操盘就很容易了。

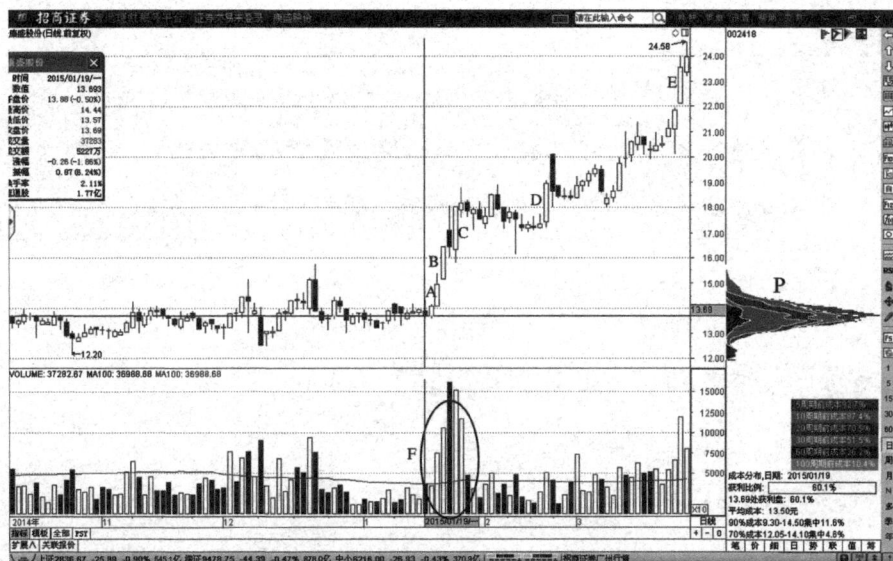

图3-6 康盛股份分时图和日K线图

操作要领：

如图3-6所示。

1.从价格表现看：图中从A位置开始的大阴线形态突破了短线高位压力区，成为股价加速上涨的信号。如果首次阳线还不能确认股价突破，接下来B和C位置的大阳线验证了我们的看法。

2.从量能放大看：图中F位置的量能较大，成为推动价格上涨的重要因素。在足够大的量能下，该股可以维持轻松脱离调整形态。该股放量走势是主力资金快速介入的结果，主力有意拉升股价，该股表现也不俗。

3.从价格突破筹码的效果看：股价在图中A位置显著突破了筹码峰P对应的压力位。该部分筹码非常集中地分布在狭窄的价格区间，而股价放量突破有效，使得多数持股投资者获得收益。实际上，通常也只有在主力投资者拉升股价的时候，才会使得多数投资者盈利。主力操盘意图显然得到体现。

总结

从大阳线出现的那一刻起，我们就应该做好买入股票的准备。实际上，随着行情的发展，主力控盘节奏加速，图中从突破位置A出现大阳线形态以后，接下来高位E出现了大阳线，股价涨幅已经达80%。

3.2.2 主力洗盘的十字星

在主力洗盘阶段，价格震荡空间加大，相应的十字星形态也容易出现。特别是如果十字星形态的影线很长，那么股价震荡空间更大，说明多空争夺非常激烈。配合成交量我们会发现主力也介入其中。

十字星能够成为股价具备行情开始逆转的起始形态，同时也是我们确认加减仓位的信号。如果十字星已经在股价单边运行后完成，那么提示效果就更加明确了。短线回调以后，十字星能够成为股价上涨的起始形态。该形态可以确认股价低位触底，为投资者买入股票提供信号。同时，十字星又能够在股价短线见顶的时候提示高位反转。主力在十字星出现的时候发挥了推波助澜作用。根据操盘的需求，主力在低位买入股票和高位抛售股票，都是操盘期间造成十字星的原因。

形态特征：

1.十字星出现在价格低位：十字星出现在短线低位，这是支撑股价反弹的形态。特别是在股价上涨的过程中，股价不一定会单边上涨，经过频繁回调以后，价格在十字星位置获得支撑后不断达到新高位。

2.价格回调出现在指标超买后：股价上涨回升趋势不断出现在指标超买以后，这是股价上涨趋势中正常的调整。经过调整以后，RSI指标不再超买，股价具备了进一步上涨的条件。而我们可以发现股价出现调整的概率很高，把握历次回调走势，这些都是我们获得收益的机会。

3.价格回升趋势延续：在回升趋势中，确认股价回调并不困难，关键是回调以后十字星完成探底形态，价格才能够企稳上涨。在牛市行情中的价格回调走势中，主力打压股价是价格下跌的原因。当然，散户投资者高位抛售股票也是股价下跌的推动因素。十字星探底成功以后，主力主导的价格回升趋势依然稳固。从操盘的角度看，主力会在股价调整以后重拾拉升技法。

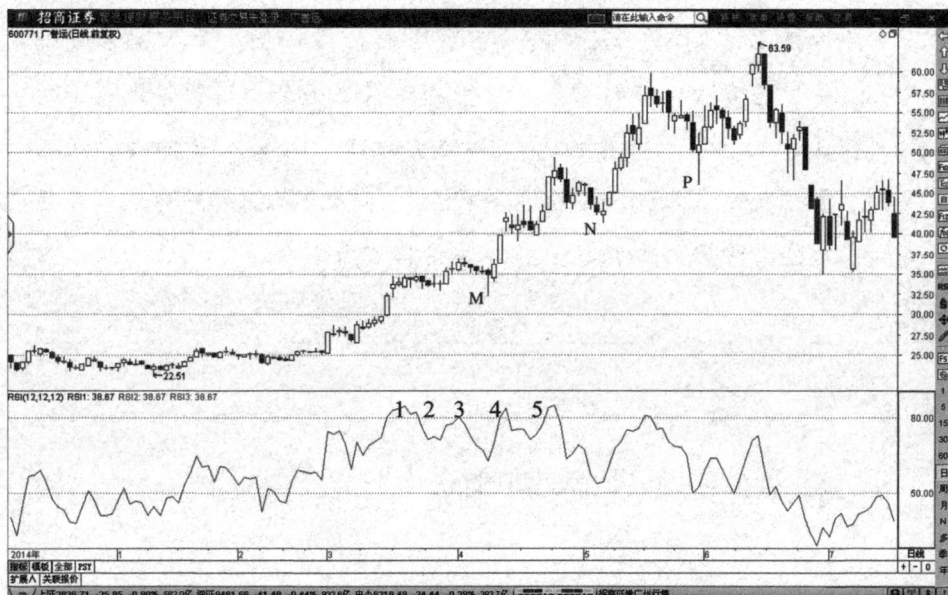

图3-7　广誉远分时图和日K线图

操作要领：

如图3-7所示。

1.价格低位出现十字星：在价格回升期间，我们可以发现股价回调以后，历次价格低位都是在十字星探底后开始企稳。从图中M位置开始，股价又在接下来的N和P两个位置出现十字星探底。探底成功之后，价格表现很抢眼。

2.RSI指标频繁超买：图中的RSI指标体现了超买形态，图中标注的从1到5的位置都已经超买。在股价回调以后，RSI指标总是能够摆脱超买形态，从而继续推动价格上涨。而在价格调整过程中，主力打压操盘结束，价格以十字星探底完成反转走势，推动股价再创新高。

总结

在价格上涨期间，调整是必不可少的价格走势。十字星出现的时候，通常意味着调整的结束。主力操盘策略不会因为股价调整而结束，相反，调整空间加大以后，为主力短线低位买入股票提供了条件。十字星成为主力进一步操盘的确认形态。而我们可以通过十字星确认主力再次开始大力操盘。相对于价格回升趋势，确认这一点非常重要。

3.2.3 拉升试盘冲高回落十字星

从价格异动的角度看，突然暴涨的价格走势最能成为我们确认主力操盘的信号。量能越大，短线对价格走势影响越大。主力资金优势明显，可以在瞬间拉升股价大涨，从而相应的交易机会就出现在价格暴涨的那一刻。

分时图中价格异动体现为暴力拉升的飙升走势。主力投资者可以在分时图中投资者关注度低的开盘阶段拉升。午后开盘的瞬间拉升股价冲击涨停板，能够大幅度降低抛售压力，提高拉升的成功率。

分时图中股价在强势飙升以后，收盘完成冲高回落十字星，这也是主力操盘的重要信息。价格并未完成大阳线形态，但是主力拉升的意图已经得到体现。我们认为这是价格进一步走强的基础。至少从试盘的角度看，我们不能忽视价格异动走势。

形态特征：

1.分时图股价天量飙升：分时图中，午后股价天量飙升的时候，主力成为推动价格上涨的重要因素。如果主力投资者没能拉升股价涨停，只能说主力没有拉升股价涨停的意图，或者说短线抛售压力较大。但是，主力已经在操盘，这是不可否认的。

2.冲高回落后完成十字星：日K线图中十字星形态出现，上影线非常长，正好说明主力操盘力度大。不管结果如何，我们通过十字星来确认主力运行股票，这是可以实现的。接下来，为了更准确地判断主力操盘的阶段，我们可以通过不同的价格形态和操盘特征来判断。

3.价格低位筹码数量更多：当股价以十字星冲高回落的时候，价格低位的筹码规模膨胀，使得我们相信多数持股投资者盈利。看涨迹象越来越明确，价格上涨压制股价上涨的筹码已经不再成为股价上涨的压力。

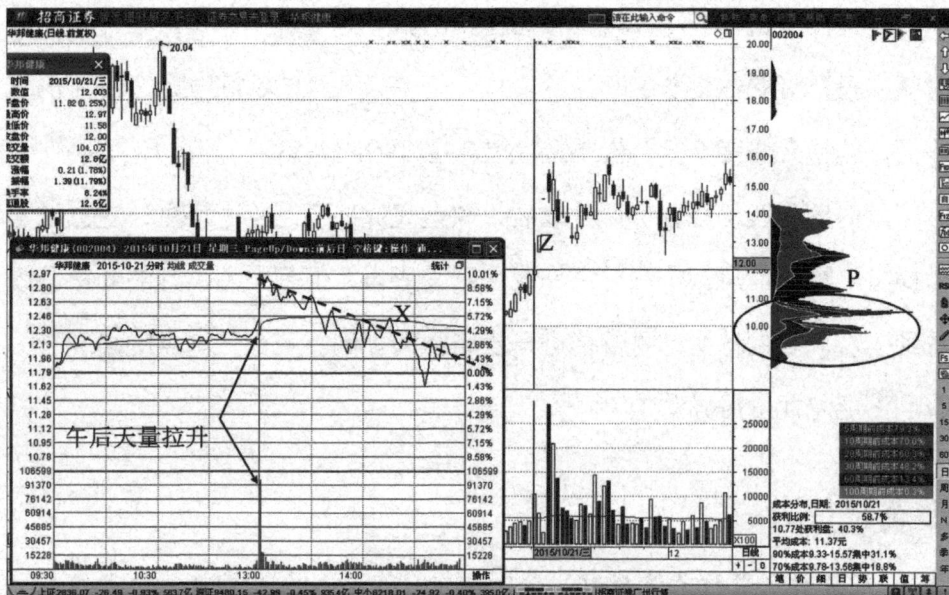

图3-8　华邦健康分时图和日K线图

操作要领：

如图3-8所示。

1.分时图中股价天量飙升：分时图中天量量能出现的时候，一分钟内成交股票数量高达10万手。资金量庞大的主力投资者成为量能增长的重要原因。股价在午后开盘的第一分钟天量冲击涨停板，主力操盘动向得到体现。

2.日K线图价格完成十字星：日K线十字星出现在价格回升阶段，这是主力拉升期间出现的试盘形态。当然分时图中天量量能出现时，主力的真实意图是想要拉升股价涨停，但是抛售压力较大，该股最终没能涨停。不过强势运行的价格短期不会停止，就像主力的操盘过程一样不会轻易结束。

3.多数筹码低于当前价位： 图中P位置的筹码规模相对较大，而该股
筹码获利率为59%，也证明了多数筹码低于当前价位。由此可见主力
操盘期间投资者盈利状况较好，该股处于比较好的上行趋势中。

总结

在主力操盘期间，并非历史放量都能使股价大涨。在抛售压力较
大的情况下，股价就不会出现大阳线形态。回升趋势中出现了十字星
形态，这种形态被认为是主力操盘期间的试盘动作，是进一步强力操
盘的前奏。由此可见，关注冲高回落的十字星，我们不仅仅确认了主
力操盘，也预期到股价将要出现的更大回升可能。

3.2.4　开盘出货高开回落大阴线

当开盘回落的高开大阴线出现的时候，体现了主力有意高开拉升股价，
却无意在分时图中拉升股价。从确认投资收益的角度看，主力在操盘期间，
可以在高开低走的时候首先卖掉股票。高开以后买盘较大，主力投资者有机
会完成高抛动作。而散户投资者多数不会在短时间内注意到主力高抛的信
号，那么开盘阶段的量能短线放大就提示我们主力完成了出货动作。

从确认主力操盘意图来看，分时图中的放量回落成为日K线大阴线出
现的基础。高开大阴线出现在价格高位，成为不折不扣的反转形态。我们
有足够多的理由确认主力高位减仓动作。

形态特征：

1.分时图股价放量高开回落： 分时图中放量高开后，抛售压力在开

盘那一刻得到体现，超大单资金流出以后，股价以缩量杀跌形式进入下跌趋势。我们可以确认开盘阶段主力显著的控盘动作。控盘是为了出货，价格下跌证明了我们的判断。

2. 日K线股价高开大阴线形成：日K线图中股价高开下跌的时候，我们可以发现大阴线形成出现在顶部区域，成为股价加速杀跌的起始形态。

3. 价格即将跌破高位筹码峰：股价高位回落的时候，价格已经开始跌破筹码主峰。特别是高位筹码单峰形成后，股价以大阴线反转形态见顶，随后股价下跌空间会越来越大，主力操盘时候出现的高位阴线成为重要看点。

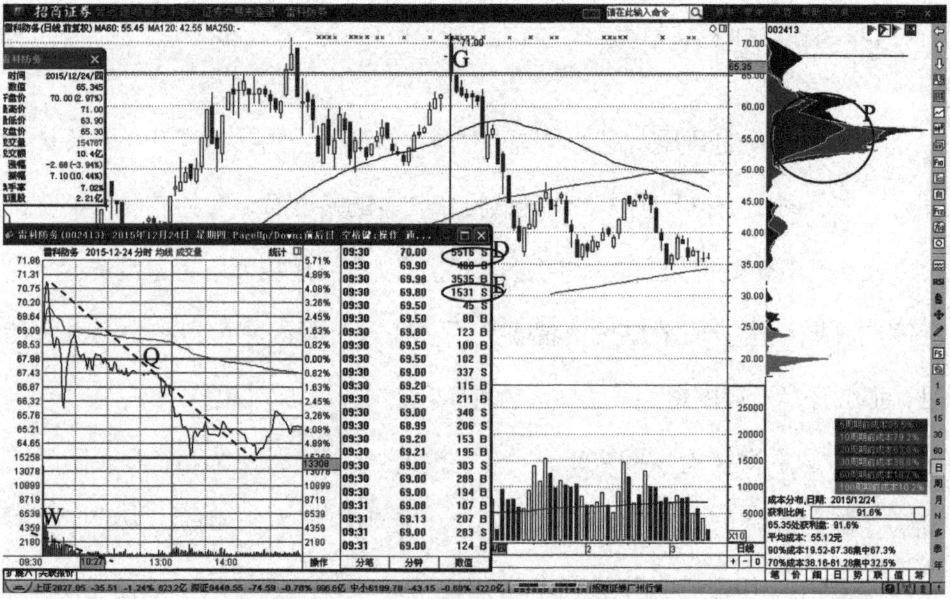

图3-9　雷科防务分时图和日K线图

操作要领：

如图3-9所示。

1.分时图高开出现卖点： 从分时图中我们可以发现该股放量高开后缩量下跌。图中W位置的量能显著萎缩的时候，Q位置显示的下跌趋势异常明确。图中D和E位置显示的大单出逃都在千手以上，表明主力是股价下跌的罪魁祸首。

2.单边下跌后完成高位大阴线： 日K线图中G位置的高位大阴线形成，股价快速完成双顶反转形态。双顶反转被认为是有效的顶部形态，同时也是确认高抛机会的时刻。主力高位出货，成为推动价格下跌的因素。

3.筹码峰高位集中： 图中P位置显示的筹码峰规模较大，成为推动价格下跌的重要因素。特别是在大阴线即将跌破筹码峰的时候，很容易让我们联想到接下来价格杀跌的走势。

总结

在确认高位大阴线形态以后，推动价格下跌的做空力量大增。特别是通过大阴线看到主力高位出售股票以后，主力操盘意愿急剧下降，而散户高位接盘显然不会对价格下跌趋势产生影响。大阴线出现在价格高位，通常是我们确认主力结束操盘的信号。确认主力出逃要比发现主力建仓重要，因为这会明显影响我们最终的盈利空间。

第4章
主力建仓阶段抢筹方式解读

在建仓阶段，主力投资者总是在更短的时间里力求获得更多的筹码，也就是说，利用价格低位运行的机会大量获取筹码。因此，在实战当中，在主力集中资金优势抢筹的过程中，我们可以确认主力的建仓时段。

主力在建仓期间的抢筹策略很多，总体来讲都是在价格低位放量买入股票，其结果是在获得了大量筹码的同时推动价格企稳回升。如果主力抢筹手法非常凶猛，股价可以在放量状态下连续走强。对于我们来讲，确认主力的建仓信号不仅仅掌握了主力的持仓价位，同样也确认了股价的底部，因为主力持仓的价位通常都是市场的低位成本区，是今后股价上涨的重要支撑点。我们跟随主力同步完成建仓步骤，这对于今后的盈利至关重要。

4.1 放量穿越筹码主峰

在股价调整期间，如果明显的筹码主峰形态已经出现，那么我们认为投资者的持仓成本已经非常集中。这个时候，任何价格上的变化都会引起投资者盈亏的同步显著变化。也就是说，价格明显上涨的时候，价格回升使得多数投资者盈利。而如果股价下跌的话，多数投资者也会处于亏损状态。短期的价格波动显著影响投资者的盈亏，对投资者买卖方向造成更大影响。

通常，量能越大的回升走势穿越筹码的力度更大。如果筹码集中分布在某一价格区间，主力拉升股价突破这一价格区间，会使得多数投资者对价格上涨有明显的感知。在价格脱离筹码主峰的过程中，如果投资者短期处于亏损状态，那么会在股价突破筹码峰的时候快速获得收益。

在短期的盈亏转换当中，我们认为主力投资者已经在建仓。既然散户投资者对价格上涨非常敏感，那么股价上涨会为主力投资者创造很好的盈利条件。价格穿越筹码主峰的时候，筹码转换数量较大，主力投资者更容易完成建仓过程。

形态特征：

1. **大阳线穿越筹码主峰**：大阳线穿越筹码主峰的时候，股价短线表现抢眼。如果不是主力投资者，很难拉升股价穿越筹码峰。因为筹码峰位置阻力很强，任何穿越该阻力区的动作都会造成巨大抛售压力。

2. 成交量显著放大：成交量显著放大的时候，说明主力动用资金量大，这是短线大量建仓的重要条件。量能显著超越100日等量线，我们认为放量有效，主力完全能够达到建仓目标。

3. 筹码穿透力指标CYQKL高企：CYQKL指标能够达到的高度越高，说明指标穿越的筹码规模越大，相应的股价突破的效果越好。随着CYQKL数值达到高位的30以上，我们认为股价有效穿越了大量筹码。筹码被股价穿越以后，持股的投资者很快扩大收益，这些投资者在减仓的过程中，就使得主力投资者获得了筹码。

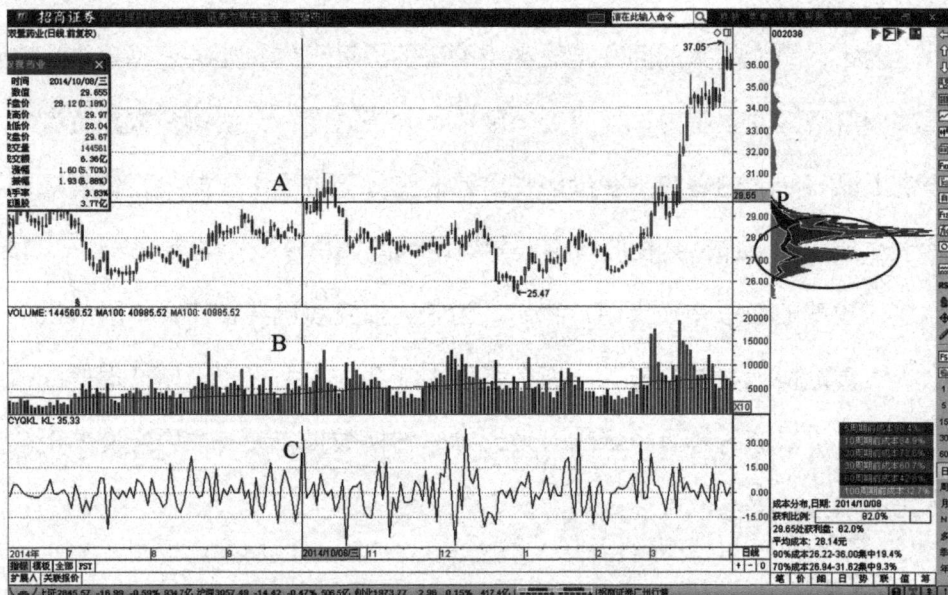

图4-1　双鹭药业日K线图

操作要领：

如图4-1所示。

1.大阳线穿越筹码峰：大阳线顺利穿越了筹码峰，图中A位置显示的价格突破力度很大，这是股价表现强势的信号。同时图中的P位置筹码主峰被大阳线穿越，显示主力拉升股价力度较大。筹码被价格穿越，意味着散户投资者盈利高抛的机会很多，而主力投资者恰好利用拉升股价的机会获得了大量筹码。

2.量能有效放大：图中B位置显示的量能较大，成交量明显达到100日等量线的2倍以上，这是股价可以继续上行的信号。按照量能分析，我们判断主力一个交易日内获得的筹码数量还是很高的。

3.CYQKL高达35：CYQKL指标数值高达35，这是比较大的突破力度。指标强势表明主力投资者拉升大阳线的意图明确。虽然面临筹码峰位置阻力，但是主力投资者顶住了抛售压力，在获得筹码的同时达到了操盘目标。

总结

在价格处于短线高位的时候，如果股价已经调整到单一筹码峰形态，那么主力投资者完全可以拉升股价试盘。即使短线阻力很强，主力投资者没有拉升股价连续上涨，这也是一次不错的建仓交易机会。

4.2 脉冲放量集中拉升抢筹

　　脉冲形式的成交量出现的时候，我们认为主力投资者拉升股价的意图明显。脉冲量能越多，主力投资者买入股票的抢筹动作越是鲜明。很容易得到确认的是，主力投资者可以在频繁脉冲放量走势中不断获得筹码，提高对个股的控盘力度，为今后的拉升股价创造条件。

　　主力投资者获得的筹码数量越多，相应的控盘效果也会更好，今后拉升股价更容易获得成功。脉冲成交量出现的时候，单一一次脉冲量能可以达到天量的规模，这是平日里的小幅放量无法比拟的。随着脉冲量能次数的增多，主力投资者获得的筹码数量更大。最终，在筹码单一峰形出现的时候，主力基本完成了抢筹过程，股价距离加速上涨更近一步。

　　在实战当中，如果我们确认主力正在以天量脉冲的形式抢筹，那么对后市我们应该更加乐观。因为天量量能非常难得，这种成交量出现的频率高说明主力对后市极度看好。股价还未上涨前，我们有足够的时间完成买入股票的动作。跟随主力天量抢筹建仓，这是我们获得更高收益的基础。

　　主力投资者的抢筹动作并非一朝一夕，而我们却可以在发现主力的抢筹动作以后一次性完成建仓过程。这样，等主力完成建仓步骤拉升股价的时候我们就可以获得收益。大牛市行情就在天量脉冲量能完成以后，我们应该做好持股待涨的准备才行。

形态特征：

1.脉冲量能频繁出现：脉冲量能频繁出现在低位，这是主力建仓的信号。散户投资者短线买卖股票的时候，很难使得量能达到脉冲的规模。不管怎样，脉冲量能对应的换手率都是相对较大的，这是主力投资者快速介入的信号，同时也是我们必须关注的建仓机会。

2.价格低位出现单一筹码主峰：价格低位出现了单一的筹码峰，这是股价调整到位的信号。经过主力投资者脉冲抢筹以后，筹码在价格低位大量集中。而筹码主峰的规模越大，相应的股价调整越是充分。单一筹码主峰出现在历史低位以后，我们认为主力投资者基本完成了建仓动作。筹码单峰对应的价格阻力位，是股价大幅上涨前必须要突破的压力区。

3.股价回升到筹码主峰上方：随着量能不断放大，股价涨幅达到了筹码主峰上限，这是推动价格继续上行的基础。股价处于筹码峰上方，主力投资者完成建仓并且使得多数投资者获得收益。继续拉升股价的时候，牛市行情自然会形成。

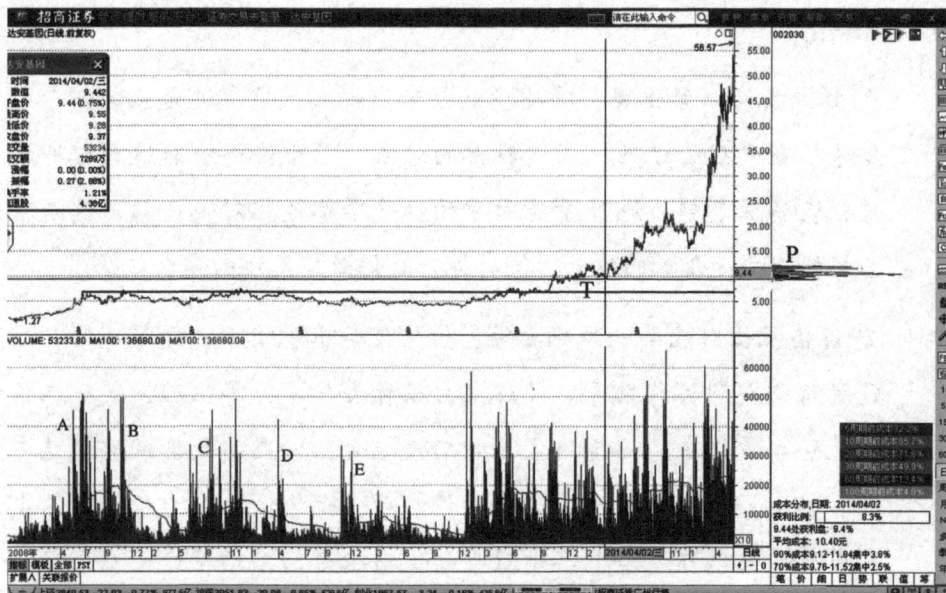

图4-2　达安基因日K线图

操作要领：

如图4-2所示。

1.确认价格低位出现脉冲量能：如果价格低位出现了脉冲量能，那么这种脉冲量能规模越大，主力投资者获得的筹码也会越多。在图中从A到E的5次脉冲量能中，主力都在放量吸筹，并且持续时间几乎达3年。可见，脉冲放量抢筹策略非常成功。主力有充分的时间获得足够的筹码。

2.股价突破横盘区域：当股价在图中T位置突破横盘区域以后，我们认为这是股价调整到位的信号。既然价格有效突破了横盘调整的压力位，证明主力投资者低位建仓已经处于盈利状态。

3.筹码主峰形态完成：筹码主峰形态完成的时候，股价已经处于调整形态的高位，这是主力抢筹成功和价格即将走强的信号。筹码主峰位置集中了主力投资者的大量成本，同时也是散户投资者的持仓位。而股价即将脱离该筹码主峰位置，这显然是价格进入回升趋势的信号。

总结

伴随着主力投资者长期抢筹建仓过程完成，我们会确认筹码主峰的单一形态特征。这个时候，价格回升至图中形态高位置，提示我们股价已经要脱离主力的持仓成本区，相应的主力建仓信号完成，在价格加速回升的过程中，我们买入股票，刻不容缓。

4.3 加速放量阶段吸筹

从抢筹的效果来看，在持续放量的情况下，主力投资者更容易获得足够多的筹码。而如果持续放量阶段出现在价格低位，同时量能持续放大的空间更高，那么主力投资者不需要长期吸筹即可完成建仓步骤。

值得关注的是加速放量阶段的筹码过程。在此期间，主力投资者开始放量拉升股价的时候，也是在抢夺筹码。同时，量能加速放大的趋势越明显，相应的一段时间里主力吸筹数量也会越多。通过确认连续两次不同规模的持续放量建仓过程，我们可以发现主力投资者建仓的成本区。同时，我们也可以利用价格放量稳定回升，并且价格脱离了单一的筹码峰区域，来确认主力的建仓和拉升股价的动作。

在持续放量建仓阶段，主力建仓和拉升股价的步骤连贯性非常好，使得股价短时间内进入加速上涨的趋势当中。既然股价回升节奏很快，我们就不得不关注主力建仓信号和追涨买入股票的信号了。我们可以跟随主力建仓步骤同步完成买入股票的动作，以便提升今后的盈利空间。

形态特征：

1.加速放量量能出现：首先我们可以确认加速放量的量能出现，这是主力介入的信号。同时，股价还未明显回升的时候，主力利用资金优势放量买入股票。量能可以短时间内急剧飙升，使得更多的筹码转换至主力手中。

2.筹码主峰被有效突破：在筹码主峰被有效突破以后，我们认为价格已经表现得非常好。筹码峰被价格突破，股价上行趋势得到加强。这个时候，股价不仅突破了筹码峰，同时也处于主力投资者的持仓成本上方。这是非常关键的，我们可以认为股价进入到实质性的回升阶段。

3.价格强势运行在建仓成本上方：如果主力投资者在连续两次的加速放量中建仓完毕，那么股价不会轻易跌破主力的建仓成本区。主力投资者的建仓成本，就在两次放量对应的价位。

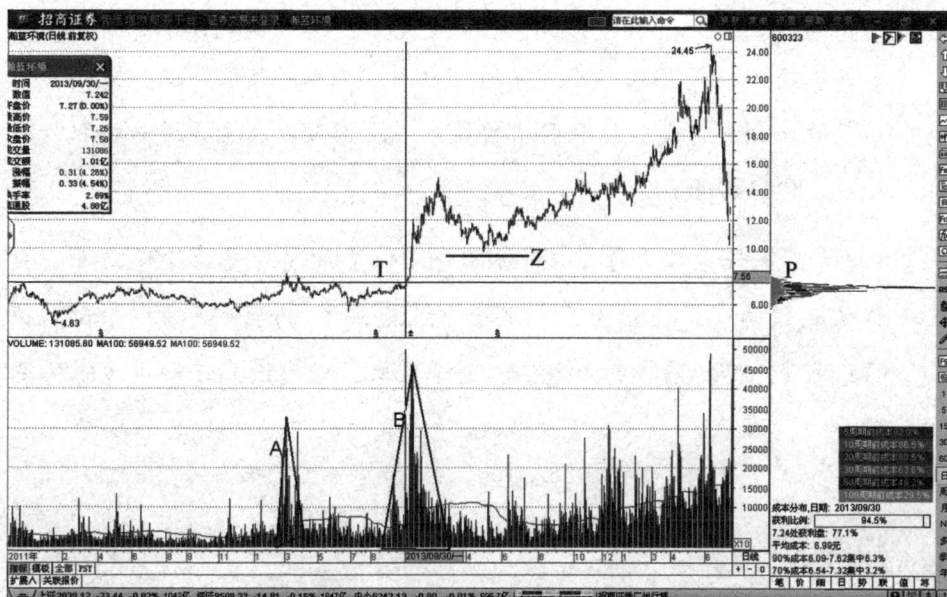

图4-3 瀚蓝环境日K线图

操作要领：

如图4-3所示。

1.A、B两个位置加速放量：图中A和B两个位置都出现了加速放量的情况，而股价在这个时候表现非常强势，我们认为这是主力投资者快速介入的信号。量能足够大，使得主力能够短时间内更多地获得筹码。而在图中A位置的建仓过程结束以后可以看到，T位置对应P位置的筹码单峰形态出现了。

2.T位置突破筹码峰：价格在图中的T位置显著突破了P位置的筹码单峰，这是股价进一步上涨的基础。在B位置的加速放量过程中，主力不仅在建仓，而且利用抢筹的时刻拉升了股价。T位置价格突破筹码单峰的机会，是我们可以确认的买点。我们可以在主力进一步拉升股价前，锁定建仓成本。

3.Z位置获得支撑上行：图中股价在B位置加速放量后快速回升，虽然该股冲高回落，但是显然不会跌至T位置的起涨点，而是在高位的Z获得支撑。图中的Z位置的支撑较强，成为价格进一步走强的基础价位。从买点来看，Z位置也是主力两次建仓以后的重要建仓成本区。

总结

价格处于低位运行的时候，主力投资者在股价还未上涨的时候加速放量建仓。这种建仓策略显然非常成功，使得建仓以后股价稳步上行。从买点来看，我们应该把握好图中A位置主力建仓以后的价格回调的买点。同时也应该关注T位置价格继续走强的买点，以及主力抢筹成功以后Z位置的低位抄底时机。

4.4 波段放量拉升吸筹

在主力投资者拉升股价前，一定会提前完成建仓动作，只有获得足够的筹码拉升股价才有意义。在实战当中，我们也会发现股价走强前经历了放量运行的特征。虽然价格涨幅有限，但是主力投资者在这个时候大量买入了股票，使得筹码也密集分布在低位区域。筹码集中分布在价格低位，有助于主力投资者在拉升股价的过程中提升盈利空间。

在实战当中，我们会发现在量能放大的情况下股价通常会有更好的表现。但是在价格处于低位运行的时候，主力投资者主动建仓却不会对价格造成明显影响，这是散户投资者追涨意愿不强的结果。在熊市当中，投资者的信心恢复需要较长时间，即使是在主力投资者建仓阶段，依然如此。所以我们应该根据主力投资者的建仓策略确认建仓交易机会。在主力投资者低位建仓的过程中买入廉价的筹码，这对于今后的盈利至关重要。

在股价处于低位区域的时候，主力建仓可以不惜重金。从成交量上看，明显出现在价格低位的放量运行走势，是主力投资者的建仓成本区。要知道，主力建仓完成的过程可长可短。在建仓期间，我们有足够的时间发现建仓过程，并且确认低位的买点。我们虽然不是跟主力同步完成建仓过程，但是主力建仓阶段股价涨幅有限，使得我们接下来的建仓成本与主力的持仓成本非常接近，这在之后的回升阶段非常重要。从成本上看主力投资者并没有比我们更有优势，所以在资金量相对较小的情况下，我们能够更主动地掌握今后的高位抛售的卖点。在船小好调头的情况下，我们自然能够战胜主力。

形态特征：

1. 价格低位出现显著放量：在价格低位出现显著放量以后，我们认为主力投资者已经在建仓过程中。对于相对萎缩的成交量，主力建仓阶段的量能足够大，使得成交量不仅仅达到100日等量线上方，而是可以达到天量状态。在天量状态下，股价能够顺利摆脱弱势调整状态。

2. 股价反弹后回落：价格表现上出现了反弹回落的走势，这是因为主力投资者还不打算拉升股价，而是在价格低位建仓买入股票。吸筹是主力拉升股价的主要原因，吸筹结束以后价格还是会出现回调的情况。价格波动空间并不大，因为散户投资者没有更主动地追涨。从主力投资者角度看，建仓阶段并不会主动拉升股价，因为在价格稳定的情况下主力投资者才能够获得廉价筹码。

3. 筹码主峰密集分布在低位区：主力投资者基本完成建仓过程以后，筹码密集分布在价格低位。从主力的角度看，主力的持仓成本较低，低位筹码峰大部分为主力的建仓筹码。而从散户的角度看，高位套牢的散户投资者早已经大量割肉，而低位买入股票的散户投资者此次成本不会低于主力投资者，这使得今后主力在拉升股价期间会占据主动地位。

4. 后期出现连续放量：后期量能稳定以后，价格上行趋势得到确认，这才是主力稳定拉升股价的回升阶段。成交量稳定以后，不仅主力投资者拉升股价动用的资金稳定，散户投资者跟进追涨的资金量也比较稳定，这就为价格进一步的上涨提供了可能。

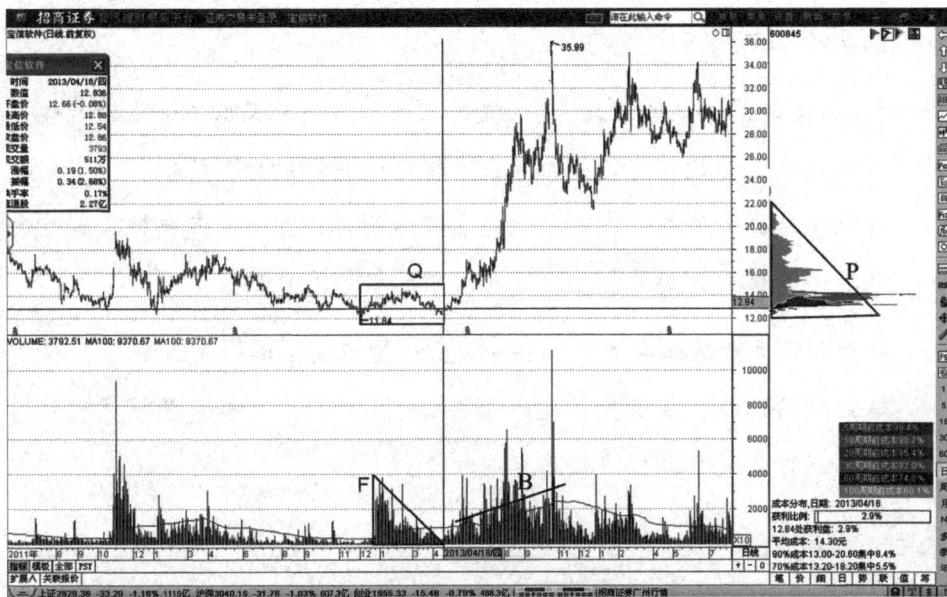

图4-4　宝信软件日K线图

操作要领：

如图4-4所示。

1.F位置的量能突然放大：F位置的成交量突然放大的时候，显然是主力快速买入股票的结果。F位置突然放大的量能较大，使得成交量达到一年以来的最高位。量能不仅突破了100日等量线，而且达到了天量状态。主力投资者在利用资金优势天量买入股票的过程中，获得廉价筹码几乎轻而易举。因为天量量能放出了以后，主力已经在低位完成了建仓动作。

2.Q位置的股价冲高回落：在Q位置的股价冲高回落以后，我们发现主力低位建仓阶段的价格波动空间并不高。图中Q位置的成交量虽然瞬间达到天量涨停，但是接下来便是量能萎缩的趋势了。主力有意抢筹，但是还没有打算拉升股价，这正是我们确认主力建仓信号和买入股票的机会。

3.P位置的筹码单峰形成：P位置的三角形筹码单峰形态出现的时候，我们认为主力投资者的低位建仓策略已经获得成功。从低位向高位的筹码呈现出三角形，这是主力建仓以后高度控盘以及散户投资者持仓成本向下移动的结果，是股价进入回升趋势的前兆。

4.B位置的量能稳步回升：在B位置的量能稳步回升的过程中，我们认为价格已经具备了不断走强的基础。量能很大，并且是稳步回升的情况，这是股价上涨的重要基础条件。

总结

价格处于低位阶段，我们应该首先确认主力建仓的信号和持仓成本。在图中Q位置的股价冲高回落走势中，我们能够清晰地发现主力建仓成本区。而在量能萎缩和股价回调阶段，正是我们在主力建仓完成以后买入股票的机会。可以确认的是，我们把握好Q位置的抢筹机会，就会成功获得大量廉价筹码。

第5章
主力洗盘阶段筹码转移趋势解读

　　在主力拉升股价前，个股经历洗盘过程，这是大概率事件。原因很简单，主力想要大幅度拉升股价，又担心拉升股价期间抛售压力过高，使得主力投资者只能用洗盘的策略减少抛售压力。经过洗盘以后，散户投资者的持仓成本向高位移动，相应的持仓会比较稳定。即使股价短线快速回升，也不会造成更大的抛售压力。

　　主力洗盘通常是在股价缩量回调期间完成，量能萎缩表明主力投资者并未大量抛售股票。这是洗盘结束后股价能够走强的信号。当然，主力投资者也可以利用资金优势瞬间拉升股价上涨，在股价冲高回落的过程中促使散户投资者高抛卖出股票。这样一来，也能够达到洗盘的效果。经过洗盘以后，主力拉升的股价回升趋势更加稳固，今后的价格放量上涨空间也更大。

5.1 高开见顶洗盘

在主力拉升股价阶段，散户投资者的抛售始终是个问题。特别是价格明显回升的时候，抛售压力增大，股价继续上涨面临强大的压力。这个时候，洗盘成为主力的不二选项。如果说洗盘策略得当，那么股价二次企稳以后上涨空间会再次被打开。也就是说，洗盘以后抛售压力减轻，主力拉升股价更容易获得成功。在实战当中，我们可以看到很多个股都是经历了主力洗盘以后才开始加速上行，这是值得关注的地方。

从洗盘策略来看，主力有多种实现方式，但是价格单边回升的时候，短线缩量打压股价是比较有效的形式。从K线形态来看，股价被打压下来以后表现为明显的阴线形态。阴线形态数量越多，对价格回升趋势的影响也越大。连续影响回落以后，散户投资者操作心理会受到明显影响。很多散户投资者会考虑短线减少持股，以便降低投资风险。这样一来，筹码在散户之间得到转换，相应的价格上涨期间的抛售压力自然减轻。

从筹码形态来看，在主力投资者洗盘阶段，一定会伴随着大量筹码的转移。主力洗盘的时候不会大量抛售股票，短线减仓只是为了达到洗盘目标。而对于散户投资者来讲，股票的抛售数量是惊人的。在股价缩量回调期间，筹码规模增加，使得大量筹码向短线高位转移。从价格获得支撑的角度来看，只有足够的筹码向高位转移，股价回调以后才更容易获得支撑。因为投资者的持仓成本集中在当时的价位附近，股价回调至投资者的持仓成本区，相应地减轻了持股投资者的抛售压力。散户投资者持股也不会在价格还未上涨的时候大量抛售股票。只要主力洗盘达到目标，二次放量拉升股价，自然可以促使股价实现更大涨幅。

形态特征：

1.股价连续缩量下跌：在洗盘阶段，股价很容易出现明显的下跌走势，并且这种下跌走势很可能是连续进行的。从K线形态来看，不断出现的阴线促使一部分散户投资者认为股价已经见顶，并且开始抛售手中股票。因为主力并未大量减仓，使得股价只是在缩量涨停下出现回调走势。

2.高位筹码峰规模显著增加：高位筹码峰规模增加的过程，是主力洗盘成功的时刻。筹码峰规模提高主要是股票在散户投资者之间转换的结果。持股的散户投资者被洗盘出局，新近的散户投资者持仓成本处于高位，所以对应的筹码峰规模自然是增长的。新近的散户投资者持股耐心要好得多，使得股价可以获得筹码峰位置提供的支撑，进入新一轮的回升走势中。特别是在主力投资者继续放量拉升股价的情况下，实现了价格回升的趋势。

3.RSI指标调整到位：从指标的表现来看，通常主力洗盘结束以后，RSI指标基本调整到位。相对于前期RSI指标的低位支撑点，主力投资者洗盘阶段RSI指标也会回调至类似的低位。随着RSI指标在相似的低位获得支撑后开始上行，股价自然会进入回升趋势中。

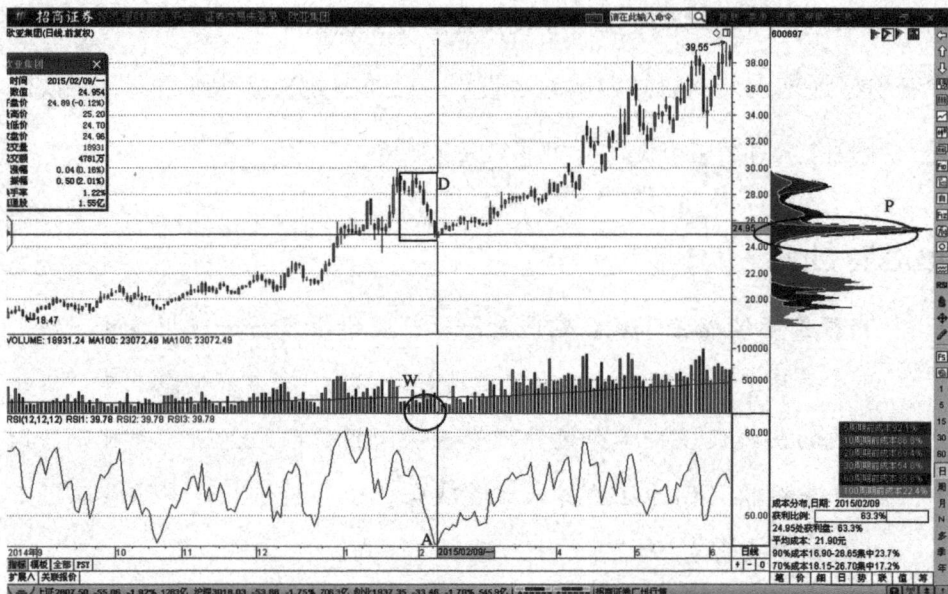

图5-1　欧亚集团日K线图

操作要领：

如图5-1所示。

1.股价在回升趋势中单边回调： 在主力投资者控盘拉升期间，图中D位置的股价回落值得关注。虽然相对于前期涨幅价格回调空间不大，但是对投资者影响较大。特别是短线高位买入股票的散户投资者，刚刚持股就出现亏损，这是主力洗盘的成功之处。散户投资者亏损以后会想方设法转移筹码，而场外看涨该股的散户投资者高位接盘。在散户投资者之间的股票换手过程中，价格已经调整到位。

2.量能萎缩期间筹码峰规模增加： 图中W位置的量能萎缩说明主力投资者并无逃顶的可能。即使主力投资者短线卖掉股票，也是出于洗盘目标，并非在这个位置出货。因为在量能萎缩的前提下，持股量较大的主力不可能完成出货的动作。这样，就造成了洗盘的事实。而在洗盘过程中，图中P位置的筹码规模显著增加，这部分筹码能够成为支撑股价上行的因素。

3.A位置的RSI指标成功触底：从RSI指标的表现来看，股价回调期间该指标单边回落，直到跌至前期低点的时候，图中A位置便是RSI指标企稳的位置，同时也是我们确认股价调整到位的信号。价格回调空间足够大，指标企稳正是股价二次回升后的重要买点。

4.从建仓机会来看：既然主力投资者打算洗盘，那么我们就可以利用主力洗盘的机会二次建仓了。虽然建仓成本相对较高，但是今后该股飙升潜力也比较大，确认股价调整到位的时候，我们可以在RSI指标触底的过程中买入该股。从价格二次回升的速度来看，主力并不打算急速拉升股价，而是在稳步放量过程中推动价格上行，所以我们也就有了获得廉价筹码的机会。

总结

　　量能萎缩是主力洗盘的重要信号，而筹码向高位转移完毕，通常是洗盘结束的信号。利用洗盘的机会买入股票，这是我们提升盈利空间的基本手段。主力投资者的拉升策略未变，我们则应该恰如其分地把握买入股票的机会，大幅度提高持股收益。虽然该股在洗盘阶段的跌幅有限，但是相比高位我们依然能够获得相对廉价的股票，这对于今后的盈利非常重要。

5.2 低开冲高回落洗盘

在主力洗盘策略中，我们可以发现打压股价的洗盘形式，这是对散户投资者恐吓性的洗盘策略。价格低开以后反弹无果而终，尾盘股价加速杀跌。这样就制造了一种假象——股价已经成功见顶，而价格真正进入下跌状态以后，价格跌幅却非常有限。可见，我们应该关注主力实质上的洗盘策略，而不是紧盯价格波动形态，这样才不至于被主力洗盘迷惑。

在股价分时图冲高回落期间，盘中最高涨幅可以接近涨停价位。价格冲击涨停板却不会封死涨停价，而尾盘股价杀跌以后，散户投资者很容易认为价格已经见顶，主力投资者开始大幅度抛售股票。这样一来，主力投资者打压股价的策略就获得了成功。至少，部分投资者已经认为股价见顶，并且在价格见顶期间开始减少持股数量。

从跌幅来看，主力洗盘期间股价下跌空间不大。相对于价格回升期间实现的涨幅，洗盘期间股价只是经历了非常有限的下跌。从盈亏的角度分析，短线买入股票的投资者亏损相对严重，而价格低位买入股票的主力和散户投资者，都不会改变盈亏格局。如果投资者盈利状况良好，绝不会因为一次洗盘而丧失多数利润。可见，主力洗盘只是将部分持股不坚定的短线投机者清洗出局，而坚定看涨的投资者依然能够获得收益。

形态特征：

1.股价在单一交易日经历明显冲高回落走势：单一一个交易日出现了冲高回落走势，并且是在低开的情况下出现的，这是股价短线见顶信号。通常，分时图中表现出现了股价缩量见顶走势，投资者都能够发现这样的形态特征。股价在盘中涨幅越大，价格回落以后对投资者的心理影响也会越大。随着股价完成冲高回落的价格走势，分时图尾盘放量杀跌已经能够反映出短线交易的散户投资者的割肉动作。那么随之而来的，便是股价进入调整状态。

2.缩量回调改变价格飙升节奏：在量能萎缩情况下，股价冲高回落走势改变了价格上行节奏。同样地，对于短线交易的散户投资者来讲，也影响了短线买卖的盈利状况。短线买入股票的散户投资者持仓成本高，通常都会在股价冲高回落以后出现一些亏损。如果对价格回升趋势信心不足，自然会被主力投资者洗盘出局。

3.量能萎缩却在100日等量线上方：量能虽然在股价回调期间出现萎缩，但是成交量并未跌破100日等量线，表明价格活跃度还是很高。如果活跃度维持在高位，那么成交量接近100日等量线的时候，我们认为已经是洗盘成功的信号。确认成交量从高位萎缩并且接近100日等量线，我们确认短线低位买点就可以持股盈利。

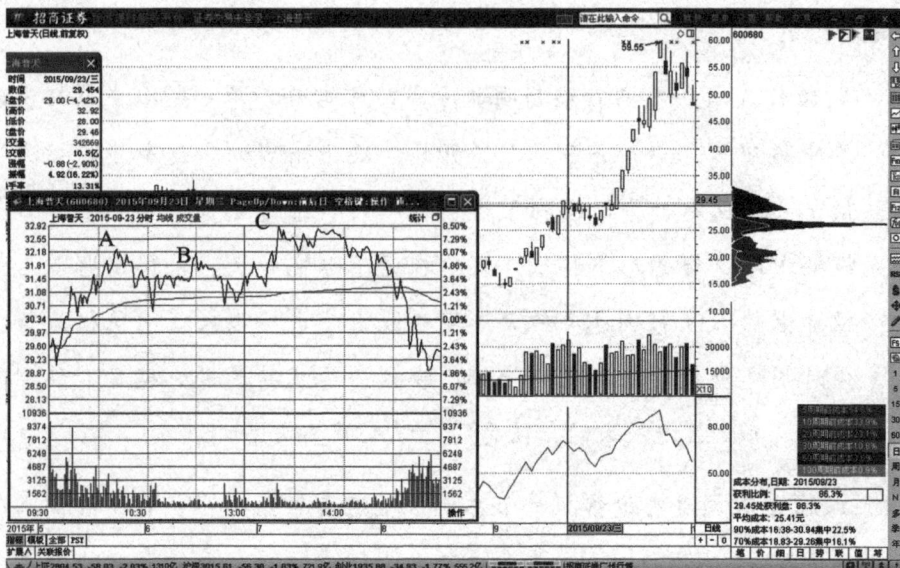

图5-2　上海普天日K线图

操作要领：

如图5-2所示。

1. 低开确认价格走弱：如果股价已经出现明显的低开走势，我们可以确认价格已经开始走弱。这个时候，继续持股的风险自然会很大。特别是在股价日K线图中涨幅较大的情况下，考虑在股价低开期间减少持股还是非常必要的。

2. 缩量反弹确认盘中卖点：分时图中股价低开以后缩量反弹，即使股价能够冲击涨停板价，我们依然要减少持股。缩量上涨空间越大，股价接下来见顶后回落空间也会越深。缩量见顶的价格走势被认为是典型的高抛机会。而结合股价低开的现实，我们不难发现分时图中缩量反弹的价格高位的卖点。图中A、B和C3个位置的见顶形态，便是确认卖点的有利时机。

3. 尾盘收低继续减少持股：当尾盘股价加速回落的时候，我们可以确认盘中价格走势为低开后缩量见顶形态。所以，即使尾盘卖点不理想，我们也依然应该考虑减少持股数量，以便准确应对价格缩量回调的走势。

总结

在实战当中，股价缩量见顶的高抛交易机会总是非常难得，特别是在主力洗盘阶段，我们在股价缩量下跌的时候减少持股数量，通常可以主动应对价格调整中枢。虽然股价回升趋势还未结束，但是在量能萎缩的情况下，确认减仓交易机会还是有必要的。这样的话，我们可以减轻因为价格调整带来的亏损压力，同时等待洗盘结束以后确认买点，以便提升盈利空间。

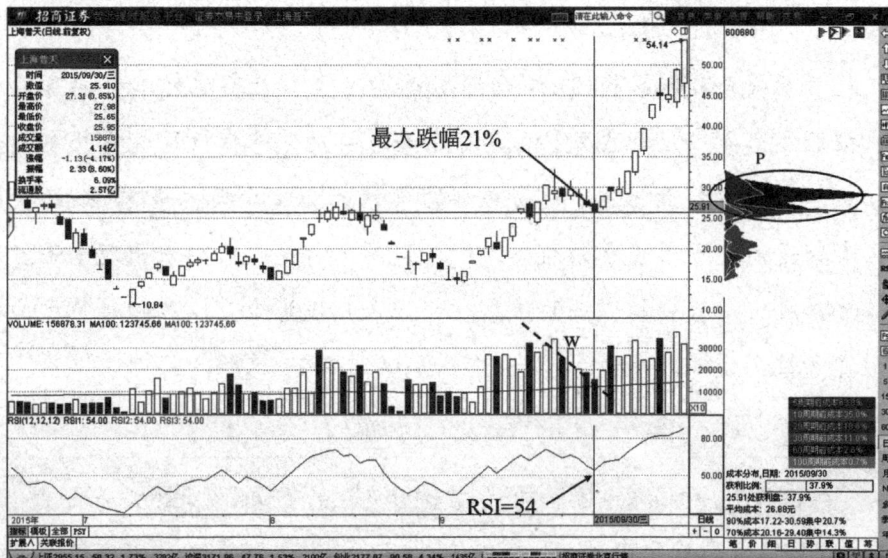

图5-3 上海普天日K线图

操作要领：

如图5-3所示。

1.确认最大跌幅为21%：前期股价在分时图中冲高回落，盘中最高达32.92元，该股在图中连续回落后，跌幅达21%。我们认为这是一次成功的洗盘动作。相对于前期该股翻倍涨幅，20%的回调达到了洗盘目标，却没有显著降低投资者的盈亏状况。特别是在价格低位持股的投资者，不会因为这一次简单的回调出现亏损。

2.确认量能接近100日等量线买点：在量能萎缩的过程中，由于成交量基数比较大，量能很难在一次萎缩过程中跌破100日等量线。图中W位置成交量接近100日等量线，是我们确认股价获得支撑的信号。

3.RSI=54的触底信号：当RSI=54的时候，虽然数值还未达到50的多空平衡线，但是我们认为这依然是有效的回调。RSI指标可以获得54提供的支撑并且企稳上涨，这是推动价格走强的信号。同时，我们根据RSI指标回调来确认短线买点，持股以后可以获得收益。

4.筹码峰P位置套牢62%筹码：图中筹码形态上表现为单一的筹码峰被短线套牢。虽然图中P位置的筹码峰位置，持股投资者亏损空间不大，但是亏损面很大。多达62%的投资者陷入亏损。而这62%的投资者正是短线买入股票的散户。所以，这个时候股价刚好出现了触底信号，股价没有继续下跌的迹象。因此散户投资者可以放心等待主力投资者拉升股价。

总结

　　在价格缩量回调的过程中，洗盘力度相比价格飙升潜力还是小很多。当62%的筹码亏损以后，筹码获利率为38%，这是股价获得支撑的信号。在价格回升期间，我们很容易发现筹码峰被跌破的情况。这仅仅是主力为了洗盘采取的激进策略。虽然股价跌破筹码主峰，但是并没有继续下跌的情况出现。这表明，主力只是在形式上洗盘，而不是在实质上打压股价。看似见顶的形态得到散户确认以后，主力自然已经洗盘到位。

5.3 低开杀跌洗盘

在主力洗盘期间，我们可以发现低开杀跌的价格走势出现。低开杀跌是主力投资者惯用的洗盘策略，可以在散户投资者没有任何防备的情况下打压股价，使得持股不坚定的散户投资者只能以低位割肉减少持股数量。而从减仓的效果来看，通常也只有少数散户投资者会卖出股票，这部分投资者的筹码转移到其他投资者手中，筹码稳定性明显提升。这样，主力投资者也就达到了洗盘目标。如果洗盘策略成功，等待股价企稳以后，我们会发现股价能够以强势回升的形式进入更高层次的牛市行情。

在非常显著的主力洗盘策略中，地量调整的情况非常值得关注。量能萎缩越明显，股价回调期间的洗盘迹象越显著。主力投资者并不打算卖出股票。可以说，股价低开后缩量下跌的走势，很可能是散户自身在割肉出局。由于对价格走势非常悲观，所以在开盘阶段卖出股票的可能性很高。不管怎样，地量杀跌以后主力投资者的洗盘策略是成功的。我们应该适应价格洗盘的节奏，在地量底部出现的时候买入股票，便成为今后盈利的重要看点了。

在主力投资者眼中，局部行情的打压手法是得心应手的洗盘策略，并且是屡试不爽的打压手法。散户投资者被频繁清洗出局，因为多数散户投资者都有恐跌心理，股价单边下跌就会拱手让出手中的筹码。直到散户投资者短线抛售股票逐步减少的时候，才认为价格已经下跌到位了。随着股价跌幅触底，我们可以判断价格具备了进一步走强的基础。从交易机会来看，把握好地量回落的低位买点，我们就能够战胜主力投资者，获得相比主力更多的投资收益。

形态特征：

1.股价低开触底：在价格回调情况下，如果主力投资者洗盘策略成功，那么股价很容易回落至短线低位。价格实质上完成了回落走势，股价下跌到位，提示我们买点很可能已经出现。

2.量能萎缩至地量提示底部出现：在量能萎缩的情况下，地量量能是非常典型的见底信号。特别是在价格回升趋势中，成交量短时间内快速萎缩至地量，只能说抛售压力非常有限。量能达到地量说明成交极度萎缩，这是趋势逆转的信号。考虑到主力的洗盘动作以及达到目标，抛售压力明显减轻促使量能急剧萎缩，我们认为这是短线抄底的重要机会。

3.RSI指标回调到位：RSI指标回调至短线低位，被认为是指标调整充分的信号。既然价格处于回升趋势中，那么RSI指标不需要跌破50线，价格就已经调整到位。如果RSI指标跌破了50线并且达到了前期低位，只能说是股价地量下跌给投资者造成了非常大的影响。RSI指标已经触底，且相应的低位买点也可以得到确认。

4.股价跌破多数筹码对应价位：当主力投资者洗盘成功以后，我们认为价格可以跌破多数筹码对应的价位，因为只有多数投资者处于亏损状态，才能更好地检验散户投资者的持股耐心。经过洗盘以后，持股投资者的持股耐心更好，这是接下来主力成功路上的关键因素。洗盘阶段只有少数筹码处于盈利状态，而这少数筹码便是主力投资者的持仓成本区。主力投资者不会打压股价跌破自己的成本价，却可以打压股价跌破散户投资者的持仓成本价。

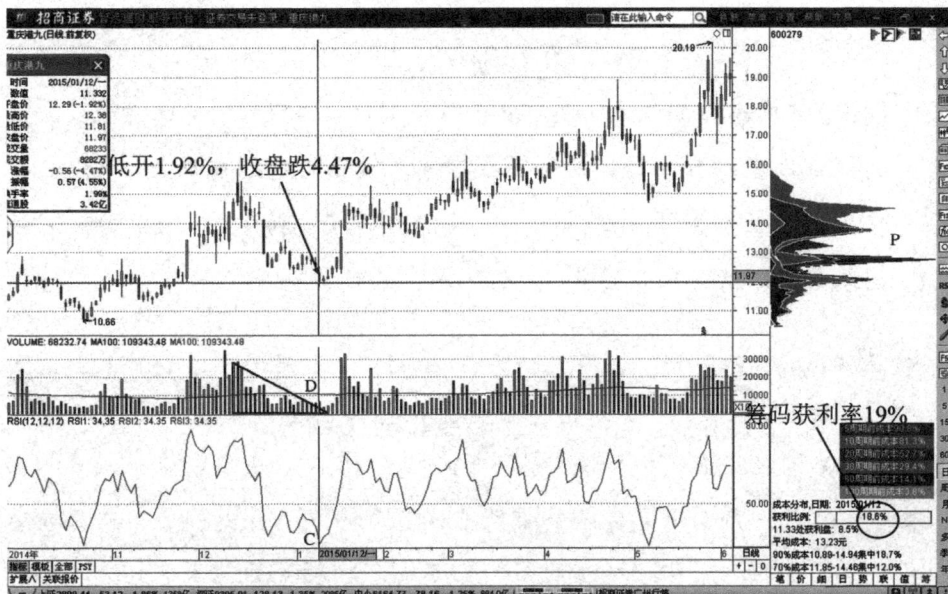

图5-4　重庆港九日K线图

操作要领：

如图5-4所示。

1. D位置是量能地量触底确认买点：图中D位置的成交量显著萎缩，量能达到地量可以确认该股已经触底。这个时候是我们买入股票的机会。考虑到该股下跌前的量能足够大，并且始终处于100日等量线上方，我们认为这一次的地量量能减少已经非常明显。股价不可能在地量状态下延续回落走势，而把握买点才是最重要的。

2. P位置价格跌破多数筹码确认洗盘成功：当图中P位置的股价跌破多数筹码以后，筹码获利率降低至19%，这是持股投资者多数已经亏损的信号。作为主力投资者，不会洗盘使得剩余的19%筹码也处于亏损状态，因为这里大部分是主力的持仓成本。所以我们可以从筹码上确认低位买点。在股价还未继续跌破筹码的过程中，我们确认建仓交易机会。

3.RSI回调在前期低点C确认指标调整到位：在RSI指标回调至C位置的低位区域以后，指标继续下跌空间不大。考虑到前期RSI指标就是在类似的低位获得支撑，这一次我们同样可以利用低位RSI指标无法继续回落的情况确认买点。

总结

　　主力洗盘阶段成交量达到地量，指标回调至前期低位，并且筹码获利率已经很低，这是洗盘成功的信号。至少从散户投资者的角度来看，这种价格回调走势是非常明显的反转形态。但是在股价下跌期间地量出现的时间非常早，使得我们不得不怀疑主力投资者的真实意图。在确认了价格不能在地量以后继续下跌的情况下，在图中最后的一些筹码还未被跌破前，我们可以确认这次洗盘行情的底部买点。

5.4 冲高震荡洗盘

当主力拉升股价的意图不够明确的时候，或者说在拉升股价期间抛售压力较重的情况下，股价很难短时间内大幅度上涨。这个时候，主力会在拉升股价的情况下洗盘。主力投资者短线拉升股价上涨，为持股不坚定的投资者创造出货机会。如果散户投资者在主力拉升股价期间高位抛售股票，就掉进了主力设置的圈套中。特别是股价冲高回落以后，已经出售股票的散户投资者却不在股价回调期间二次建仓，那么一定会错过盈利机会。

主力既然要拉升股价，那么回升趋势中一定会出现牛股的走势。短线的一次强势反弹根本达不到主力拉升股价的目标。在股价企稳回升以后，在持续放量的情况下主力拉升股价涨幅更高，相应的持股投资者盈利空间也会非常大。

股价冲高回落震荡，如果说这是主力的洗盘策略，则是没有问题的。因为价格短线涨幅虽然较大，见顶的速度很快，追涨投资者很容易高位套牢。而对于已经持股的投资者，在价格飙升期间卖出股票会错过今后的盈利机会，这也是主力能够达到洗盘目标的原因了。

从资金流动的角度看，主力投资者短时间内拉升股价上涨，资金是流入的状态。但是主力持续操盘意愿不强，等待主力资金减少流入以后，散户投资者更容易高抛卖掉股票，促使股价进入下跌状态。随着股价冲高回落的完成，主力投资者其实是在短线抢筹以后达到了洗盘目标。股价放量上涨后缩量下跌，散户投资者充当了打压股价的主力军。

形态特征：

1.股价经历短线脉冲行情：当股价完成了脉冲行情以后，我们认为这是主力一手操控价格的结果。虽然股价涨幅有限，但是脉冲行情对散户投资者的冲击非常明显。对于持股投资者来讲，这是一次不错的高抛交易机会。同时，对于场外投资者而言，高位追涨又意味着被快速套牢。而就在股价脉冲行情出现的时候，筹码在散户投资者之间完成转换。在实战当中，主力投资者总体完成了建仓动作，而散户投资者则会因为股价冲高回落大量买卖股票。最终股价回落以后，主力投资者完成了洗盘目标。价格回调以后投资者的持股耐心会更强，这有助于今后的价格上涨。

2.成交量短时间内放大：在量能短时间内放大的时候，我们认为价格涨幅已经比较大。虽然是脉冲行情中的放量，但是主力投资者动用资金依然较大。只是从资金流入的时间来看，持续时间并不长，在主力没有持续资金流入的情况下，股价出现回调走势自然也是正常的行情。因为散户投资者多数只会在超短线交易中获利了结，遇到股价滞涨的走势时，主力投资者不会主动拉升股价。所以股价在无量情况下出现缩量回落走势，价格冲高回落的脉冲行情中，一部分散户投资者被洗盘出局。

3.RSI达到超买状态：在主力投资者急剧拉升股价的时候，RSI指标很容易表现出超买状态。RSI指标达到了80以上的超买趋势，这是抑制股价进一步走强的信号。如果我们没能在指标超买的时候高抛卖掉股票，那么脉冲行情中我们已经无缘获利。

4.价格跌破筹码峰后洗盘结束：在主力洗盘期间，从筹码形态上看，价格不会轻易跌破多数筹码所在价位。如果价格真的已经在脉冲行情以后跌破了筹码的下限，或者价格回落至筹码峰下限，那么将是非常典型的触底信号。投资者的几乎全部持仓成本都体现在筹码峰所在价位。而主力投资者的持仓成本同样在筹码涉及的价格位置。一旦出现价格回落至筹码峰下限的情况，主力投资者会设法低位买入股票确保价格企稳上涨。而散户投资者在这个时候的抛售也会暂时减弱，从而无形中推动价格企稳上涨。

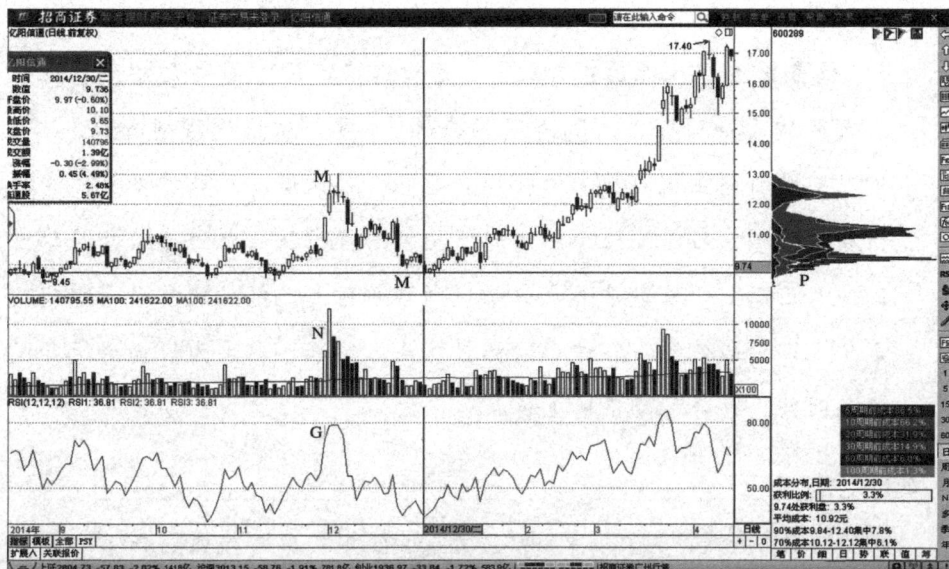

图5-5　亿阳信通日K线图

操作要领：

如图5-5所示。

1.M位置股价两根大阳线见顶：M位置显示的两根大阳线是主力努力拉升股价的结果。从大阳线的涨幅来看，明显强于前期价格弱势运行的表现。这样一来，我们有理由相信该股超短线的涨幅已经较高。面对短线飙升的股价，部分投资者设法减少持股，这一定是会出现的情况。

2.N位置量能天量脉冲：N位置显示的量能较大，并且短时间内达到了天量状态，这是主力投资者有效操盘的结果，如果主力投资者操盘效果良好，自然为投资者提供了高抛交易机会。脉冲量能显示成交量无法持续放大，作为洗盘策略，这是促使股价冲高回落的关键因素。

3.G位置RSI指标确认高抛信号：G位置显示的RSI指标达到高位80以上，这是典型的超买信号。结合量能脉冲放大的情况，我们可以确认该股短线已经见顶。从主力操盘的角度来看，这是指标超买后洗盘开始的信号。

4.T位置股价触底低位：T位置显示的价格回调空间较大，而且价格已经跌破了筹码峰，达到筹码对应的P位置。从筹码获利率看，T位置对应的价格上仅有3.3%的投资者盈利。确认这一点非常重要，这使得我们能够在股价还未上涨的时候把握好低位买点。作为回升趋势中的洗盘形态，价格跌破大部分筹码所在价位，已经是非常难得的超跌走势。即使我们没有在这个时候抄底买入股票，在主力投资者拉升股价的时候，也会推动价格上行。

总结

　　脉冲行情中价格波动空间较大，同步出现异动的还有成交量和RSI指标。诸多信号都提示我们股价短暂的冲高回落走势出现。而在确认冲高回落的价格走势以后，我们就能够在低位买入股票。同时，筹码上反映出来的价格回落并且跌破筹码峰的情况也反应了这种变化。与其说这是一次价格冲高回落的盈利机会，倒不如说是二次建仓的机会。在主力利用脉冲行情洗盘的过程中，我们可以不为所动，只是在脉冲行情以后，价格跌破筹码峰的时候确认买点即可。这样，在收集更多筹码的同时，接下来可以获得更高回报。

5.5 地量回调筹码主峰洗盘

当我们发现股价已经进入回升趋势的时候，在主力继续拉升股价的过程中，抛售压力会不断提高。与其说继续拉升股价，倒不如在洗盘以后考虑拉升股价，这样会得到更好的拉升效果。所以，在股价明显进入回升趋势以后，我们应该关注短线高位的卖点。如果价格已经处于弱势调整状态，那么主力洗盘的概率就很高了。既然主力投资者处在洗盘过程中，那么相应的价格调整很可能会持续一段时间了。相对较长的调整走势对于超短线交易的散户投资者来讲是个噩梦。因为价格震荡却不会达到新高，超短线盈利的机会越来越渺茫。相应地，短线交易的风险却大幅提升。

虽然主力投资者要洗盘，但我们作为散户却对价格走势不会产生多大影响。在实战操作的时候，我们应该确认价格见顶信号，并且在股价还未企稳前密切关注洗盘阶段的买点。不可否认的是，主力投资者并不会在股价还未大涨的时候主动出货。不管洗盘过程有多长，我们都可以利用地量成交量出现来确认价格调整到位。地量量能出现的时候，表明个股活跃度急剧降低，我们可以确认股价成功触底。

当股价成功触底以后，我们可以发现价格已经显著跌破了筹码峰，虽然股价并未继续跌破更多的筹码峰对应的价位，这是因为股价已经接近主力的持仓成本价。可以想象的是，主力投资者怎么可能放任价格跌破自己的成本价呢？所以，当价格接近下方的筹码区域，股价距离反转就不远了。筹码峰对应的筹码是散户投资者短线交易所致，多数为散户投资者的成本区筹码。如果价格跌破这一筹码峰区域，主力投资者就达到了洗盘效果。不管散户投资者是否对价格下跌恐惧，都必须面对股价跌破成本价的减仓、加仓或者持股不动的选择。一旦选择买卖股票，筹码得到换手，主力投资者的洗盘目标便自然达成。

形态特征：

1.股价弱势回调当中：当股价弱势回调的时候，我们可以确认主力开始高位洗盘。单边回升趋势短线结束，而真正的拉升走势出现前股价缩量下跌不会马上停止。从交易机会来看，我们应该把握好价格还未走强的低吸建仓机会，确认低位买点，这有助于我们获得更多收益。

2.成交量萎缩至地量：从量能萎缩趋势看，只有量能达到地量，价格才会明显触底。而从主力洗盘的角度看，也只有量能达到地量的时候，我们才能够确认主力投资者洗盘成功。地量状态下的成交量很少，而主力投资者恰好利用散户投资者"不关注"的机会放量拉升股价。

3.价格处于筹码峰下方：筹码峰调整到价格高位的时候，说明洗盘阶段股票成交非常充分。而在股票在散户投资者之间换手的过程中，我们可以发现洗盘获得成功。价格跌破筹码峰的时候，我们认为股价已经处于短线买卖的散户投资者的持仓成本价下方，这是洗盘结束的信号，同时也是我们确认低位买点的时刻。

4.股价横盘时间已经足够长：价格横盘时间足够长，散户投资者有足够的短线交易机会换手股票。主力投资者并未在价格调整期间参与拉升股价，而是设法控制股价反弹空间，为洗盘创造条件。经过长达3个月以上的洗盘以后，主力达到了洗盘目标。而如果主力投资者在这个时候拉升股价，我们认为是比较好的时机。调整时间过长会影响散户投资者的持股信心，而调整时间过短，股票在散户之间换手不够充分。3个月内的调整结束以后，价格可以顺利进入回升趋势中。

图5-6　商业城日K线图

操作要领：

如图5-6所示。

1.价格弱势调整3个月：图中矩形区域显示的股价弱势回调长达3个月，该股始终没有任何有效反弹出现，这是典型的洗盘形态。主力投资者放手打压股价，使得该股短期很难出现明显的企稳走势。这样一来，我们有针对性地进行减仓可以降低持股的时间成本，同时也很容易错失股价企稳之后的盈利机会。究其原因，我们认为主力投资者洗盘3个月并不算长，这只是一次明显的飙升走势出现的前提而已。而如果我们还未持有股票，可以等待该股地量触底的时候买入该股，此时可以获得收益。

2.量能萎缩至W位置地量状态：图中量能持续萎缩，地量量能出现在W位置的低点。成交量萎缩至地量状态，说明散户投资者和主力投资者都没有充分参与该股的交易过程。量能萎缩表现股价调整到位，多空双方的争夺已经接近结束，这是确认主力洗盘结束的信号。散户之间已经没有明显的高抛低吸的短线交易以后，持股投资者认为短线机会渺茫，不会对后市看好。而就在这个时候，主力放量拉升股价才容易成功。

3.P位置筹码峰被有效跌破：从筹码形态来看，价格调整至地量触底时，P位置的筹码峰已经被跌破。筹码峰位置是散户投资者之间相互换手后的持仓成本区，也是主力洗盘阶段跌破的价位。这表明，散户投资者盈利状况显然不好，而主力恰好达到了洗盘效果。下方筹码多数为主力投资者持仓成本区。而筹码获利率在这个时候降低至36%，也说明了少数筹码盈利的情况下，主力已经有足够的动力拉升股价上涨。

总结

价格跌破高位筹码峰时，表明股价已经跌至散户投资者持仓的价格下方。主力投资者洗盘就是要散户投资者处于亏损状态，而虽然散户投资者亏损空间并不大，但是洗盘已经达到目标。在亏损的情况下，股价并未继续杀跌，这为散户投资者坚定持股创造了条件。主力投资者洗盘却不会盲目打压散户投资者的持仓热情。在走势筹码峰被跌破的那一刻，量能达到地量状态，该股已经触底。我们可以在地量出现的时候，同时也是筹码获利率降低至36%低位的时候确认买点。

第6章
主力拉升阶段筹码转移趋势解读

在主力拉升股价期间，筹码从低位向高位转移。筹码转移持续的时间很长，并且短时间内不会停止。从主力的角度看，主力投资者的持仓成本较低，价格上涨期间筹码缓慢向高位移动。只要股价没有见顶，主力投资者就不可能完全清仓，而低位筹码峰也会始终存在。直到股价涨幅达到顶部的时候，筹码转移才会完成。

本章介绍的主力操盘阶段的筹码转移，多数是以筹码主峰向上转移的形式完成的。也就是说，在主力投资者拉升股价的过程中，价格上涨期间筹码向高位转移。价格见顶的那一刻，主力已经卖掉了多数股票。从筹码形态看，低位筹码峰规模明显减小，而高位筹码峰异常庞大，说明主力已经达到了拉升股价并且连续出货的目标。

6.1 筹码主峰到小规模单峰转移

在主力拉升股价期间，筹码主峰转移的方式决定了价格上涨的潜力。通常筹码在特定时间段内转移数量越大，价格上涨空间也会越高。这是因为，投资者之间的筹码转换成为价格上涨的因素。在不同价位上争夺以后，大量股票得到成交，投资者的持仓成本回升，同样伴随着价格的上涨。在主力拉升股价阶段，筹码转移数量越多，说明个股换手率越高。当然，在换手率过高的情况下，只能说散户投资者在玩超短线交易，而主力投资者的持仓也没有达到完全控盘状态。因此，股票始终处于高活跃状态，这时候的价格上涨是成本推动的价格回升。

而如果一段时间内筹码转移规模并不大，那么说明股票活跃度不高，只有少量投资者参与股票的交易。如果主力已经控盘，并且开始拉升股价，那么我们认为很可能是主力控盘以后缓慢拉升股价的结果。在主力拉升股价期间，通常会抛售一定的筹码。主力投资者用少量筹码来操盘股票，使得价格在少量筹码转换期间进入回升趋势。

根据主力投资者的筹码转移数量，我们可以发现只要更多的筹码处于低位，价格上行趋势就不会轻易结束。因为主力投资者还远没有完成出货动作，主力投资者的筹码稳定存在价格低位，这就为股价进一步上行提供了可能。

可以确认的是，主力投资者的持仓成本较低，低位筹码密集分布区是主力投资者的持仓成本价位。而如果主力还没有完成出货动作，那么拉升股价便是主力的唯一有效操盘策略。只有拉升股价到更高的价位，主力才能更好地盈利。而且也只有盈利空间不断提升并且达到主力投资者的心里价位，主力才会出货，筹码才会完全转移至价格高位。

因此，一旦我们发现筹码出现小规模的转移趋势，就可以确认主力的拉升动作了。小规模的筹码转移会越积越多，使得价格飙升期间的筹码转移规模更大。

形态特征：

1. **成交量经历脉冲放大和连续放大**：成交量脉冲放大时，我们通常认为是主力建仓阶段。因为量能没有持续放大，主力操盘属于阶段性的，所以并不具有特别明显的持续性。只有连续放大的量能出现的时候，我们才认为主力在连续操盘。在主力投资者连续操盘阶段，股价可以进入稳定回升状态。随着股价上涨空间扩大，我们可以发现主力投资者的拉升操盘过程。

2. **主峰筹码向上小规模转移**：主力投资者的持仓成本区处于价格低位，从筹码形态来看，是低位主峰形态。如果这部分筹码向上转移，那么我们可以确认主力投资者正在拉升股价。虽然筹码转移规模不大，但是转移的趋势不容忽视。筹码转移以后，价格上行趋势得到确认，接下来在筹码继续向上转移的过程中，我们会发现更大幅度的价格上涨出现。到那个时候，我们持股盈利空间自然也会提升。

3. **价格达到短线高位上方**：如果股价已经达到短线高位上方，那么说明价格已经进入比较活跃的运行状态。短线高位的抛售压力较大，主力在拉升阶段必须要突破这一压力区。随着量能维持高位运行，我们会发现股价可以轻松进入短线高位上方。随着量能放大，筹码向高位转移的趋势也同步得到加强。

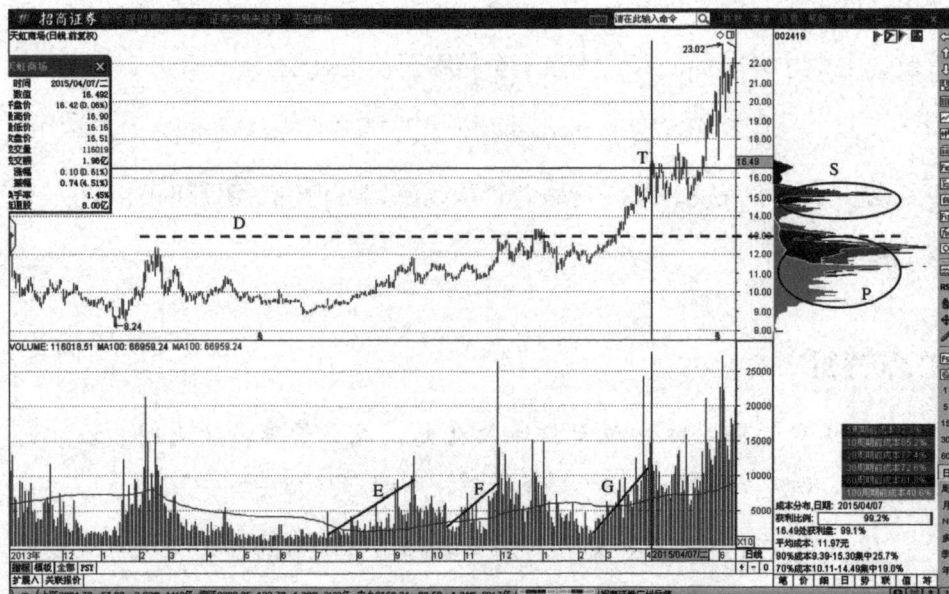

图6-1　天虹商场日K线图

操作要领：

如图6-1所示。

1.E、F、G位置低位脉冲量能转化为持续放量：我们可以发现在股价持续适度的过程中，量能从E、F、G位置的脉冲量能上逐步稳定下来，直到最终出现了稳定放量的情况。这样一来，主力操盘就达到了新的高度。价格走势非常活跃，我们可以确认交易机会出现在量能放大的过程中。事实上，筹码的转移也需要稳定的量能，只有量能稳定下来筹码转移趋势加强，价格上涨空间才会快速提升。

2.价格回升至高位D线上方：从价格表现来看，我们可以发现在图中

E和F位置的脉冲量能出现以后，股价已经顺利突破D线对应的价格高位上方，同时价格也达到了主要筹码峰的上方。在股价继续回升的过程中，价格突破短线高位是主力拉升股价的必经之路，同时我们也可以根据这一信号确认买点。

3. P位置筹码主峰向S位置转移：最重要的是，筹码从图中P位置的主峰转移至S位置的小规模筹码峰。筹码转移的趋势得到验证，从而可以推断主力投资者正在拉升股价。在筹码转移规模还不是很大的时候，这种小规模的筹码转移成为我们确认买点的时刻。更大规模的筹码转移还未发生，同时更大幅度的股价涨幅也还未出现。我们可以在价格达到T位置的时候，确认短线买入股票的价位。

4. T位置买点形成：量能推动的价格回升趋势出现，股价突破D位置对应的高位压力区，同时我们也确认了筹码向上转移的大趋势。因此在这个时候把握好买入股票的机会，等待更大规模的筹码转移以后，我们的盈利空间就会更高。

总结

筹码转移总是在量能放大以后，成交量越大，量能越是稳定放大，筹码转移的趋势也会越强，相应的价格上涨潜力也越大。当我们首先确认了量能稳定下来以后，可以通过筹码转移发现主力的拉升动作。筹码还未显著向高位转移，说明主力拉升股价还未达到真正的高潮。在股价回升至短线高位的时候我们确认买入股票的机会，自然有利可图。

6.2 筹码主峰滚动转移趋势

当主力拉升股价的时候，筹码主峰会以滚动转移的形式移动。虽然筹码移动速度很快，但是价格回升趋势并未因此结束。实际上，经过调整以后，浮筹总是大量存在于当时价位附近，筹码主峰也高效地发生转移。我们可以确认这类股票的活跃度很高，换手率至少达5%。

换手率处于高位，筹码转移的规模很大，筹码峰转移的速度也同样非常惊人。随着股价进入明显的回升状态，我们可以确认历次价格完成波段行情的时候都伴随着筹码峰的转移完成。价格低位虽然存在筹码单峰，但是经历一波上涨以后，新的短线高位筹码峰会取代之前的低位筹码峰。

通常我们会发现，筹码峰从低位转移到高位的时候，股价已经成功见顶。这个时候，主力投资者已经拉升股价大涨，并且主力投资者已经接近完成出货动作。但是，如果个股活跃度很高，即使主力还未出货，筹码也可以转移到高位。筹码峰在股价完成一波又一波行情的时候不断向高位移动。确认筹码峰快速转移期间的主力拉升动作非常重要，这使得我们能够在主力操盘期间获得价格上涨的信号，从而持股盈利。

形态特征：

1.换手率长期高位运行：我们可以确认该股换手率经常达到10%以上，平均换手率通常可以高达5%，这是股票活跃度高的表现。活跃度高说明投资者对该股非常关注，同时主力也在操盘当中。

2. 筹码主峰出现在短线高位： 筹码主峰出现在短线高位，说明投资者的持仓成本不仅集中，而且持仓价位较高。这不仅仅是主力介入的结果，同时也是散户投资者对该股的关注度比较高，价格活跃度高的信号。如果筹码主峰已经调整完成，主力投资者继续放量拉升股价，我们认为新一轮的行情依然会形成。这个时候，筹码向价格高位转移的大趋势还是没有结束，相应地我们按照既定的策略确认买入股票，价格疯狂上涨期间盈利机会还很多。

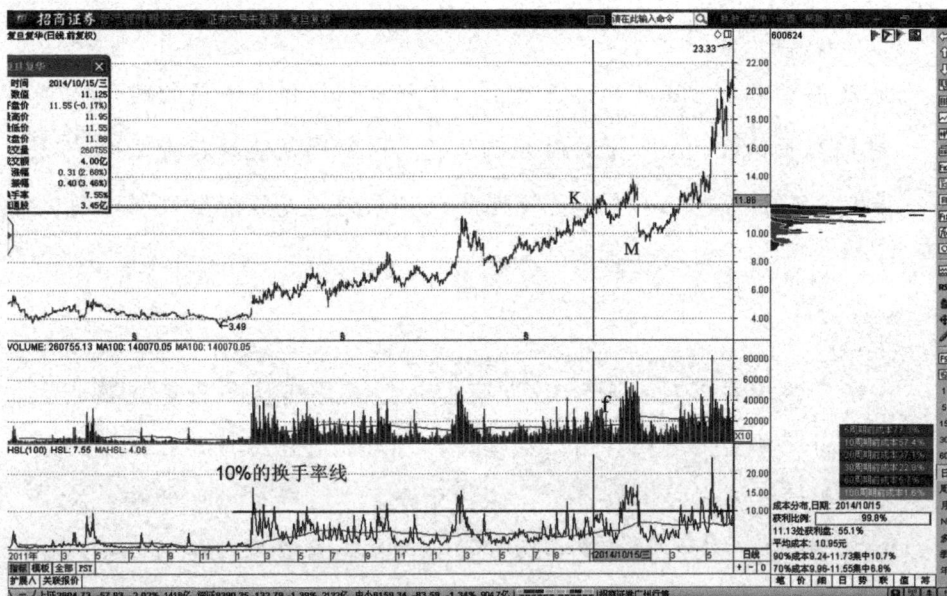

图6-2　复旦复华日K线图

操作要领：

如图6-2所示。

1.换手率维持在5%以上运行：从图中显示的换手率指标来看，该股高位换手率可以达到10%以上，并且这种高换手率的情况出现概率很大。同时，日常换手率在5%以上，说明该股活跃度很高。因此说筹码转移速度快，与换手率大有关系。

2.图中K位置筹码单峰形成：当股价震荡上行的时候，K位置对应的筹码主峰规模较大。我们结合成交量来看，图中F位置显示的量能足够大，完全能够推动股价继续上涨。

3.从买点来看，图中M位置对应的价格低位提供了不错的建仓机会。我们在股价回调M位置的时候确认建仓时机，便能够获得廉价筹码。同时，M位置对应的筹码峰下限，我们认为这是股价短线图中到位的信号。

总结

在活跃度很高的个股运行期间，我们从筹码转移的角度确认主力的持仓成本变化是相对困难的事情。不过只要活跃度高位运行，股价上行趋势就不会轻易结束。主力投资者拉升股价的意图明确，在筹码主峰调整到位的时候，主力投资者总是会在放量过程中推动价格上涨。随着价格涨幅不断扩大，相应的盈利机会也就形成了。

在实战当中，为了适应价格波动，我们可以将仓位设定在相对小的状态，这样即使股价活跃度很高，价格短线回调期间我们依然能够从容应对。

6.3 筹码主峰到脉冲筹码峰发散形态

在筹码主峰向脉冲筹码峰转换的时候，我们可以确认主力投资者的拉升动作。筹码主峰位置是主力投资者的重要持仓成本区，这是主力长期建仓形成的成本区。建仓完毕以后筹码主峰形成，主力投资者有足够的热情拉升股价上涨。在持股状态下，主力拉升股价上涨自然能够大幅度获利。从筹码转移的角度看，筹码从主要的单峰筹码线发散的筹码峰转换，价格也会在这个时候连续上涨。从比较理想的筹码转移角度看，筹码主峰向脉冲筹码峰转换的时间越长，主峰筹码消失的时间越长，价格潜在的涨幅也会越高。按照这个逻辑推测，我们就可以正确认识主力拉升股价的动作，以及今后的盈利空间。

确认主力拉升，我们可以通过筹码主峰向脉冲筹码峰转换来判断。主力拉升股价会经历一个明显的时段，同样地，筹码从主峰向脉冲单峰转换也需要时间。这段时间便是我们持股获利的时段。在筹码向价格高位转移阶段，相应的交易机会总是存在。筹码转移伴随着投资者持股盈利的扩张，同时筹码转移结束前都是我们持股的机会。只要低位筹码还未完全向高位转移，或者说高位筹码还未出现筹码单峰形态，主力拉升股价就不会结束。

在实战当中，我们可以发现个股会从一个价格平台回升到另一个更高的价格平台。随着不同价格平台的出现，筹码也会从一个位置转移到另一个位置。这个位置便是筹码横盘的平台位置。筹码峰出现在横盘调整形态出现的时刻。横盘调整的价格平台存在筹码主峰，主力拉升股价就是促使主峰筹码向新的高位转移。在主峰筹码向高位脉冲筹码峰转移的过程中，伴随着股价一轮又一轮的上涨，这个时候不仅是主力拉升股价的获利时刻，同时也是散户投资者持股获利的时候。

形态特征：

1.股价经历放量回升走势：在量能明显放大的情况下，我们可以发现股价表现非常强势，价格上行趋势得到确认。这个时候，筹码向价格高位转移的情况更容易形成。在放量回升阶段，如果我们还未持股，就可以等待价格高位横向调整完成的时候买入股票，这样短线持股成本自然容易控制，也可以在股价二次飙升的时候盈利。

2.调整形态已经完成：在调整形态完成的过程中，我们会发现价格波动空间不断收窄，这是主力投资者短线放任股价回落的表现。虽然股价短线回调，但是波动空间却在收窄当中。多空争夺进入平衡阶段，就等主力投资者拉升股价脱离筹码峰。

3.筹码主峰出现在平台高位：在筹码主峰出现在平台高位的情况下，我们可以发现股价已经经历了调整中枢。在调整期间，多空不断更换股票，使得最终剩余的持股投资者能够更加坚定地看涨后市。这样一来，主力拉升股价就更容易获得成功。通常，调整形态完成之时也是筹码主峰形成之时，这是筹码向上转移的机会。我们应该密切关注筹码向上转换前的建仓机会。

图6-3　梅雁吉祥日K线图

操作要领：

如图6-3所示。

1.筹码主峰出现在平台高位：图中显示的P位置出现了高位价格平台，这是非常难得的筹码主峰平台。不仅从筹码上看，主峰平台出现，而且从价格表现来看，该股也已经调整至A位置的调整形态的高位。这是股价突破前的重要形态特征，同时也是我们确认买点的有利时机。抓住筹码主峰平台的买点，接下来我们获得收益就不困难了。

2.股价经历放量回升走势：图中出现了C段和D段的量能放大，股价表现已经非常强势。在价格达到A位置的高位之时，筹码主峰形态的出现提示我们股价距离加速上涨一步之遥。量能放大推动的价格突破走势是重要看点。图中A位置的突破不仅仅是价格回升的起始点，同时也是确认买点或者说是确认加仓机会的买点。

3.量能逐步企稳在等量线上方：如果说图中C位置和D位置的量能放大还不够稳定，那么图中E位置的成交量稳定在100日等量线，这是推动价格上涨的重要信号。成交量稳定在等量线上方，说明股价活跃度进一步提升。如果这种放量状态得到延续，股价今后的上涨空间必然会很大。

总结

　　波段行情的价格高位是调整形态完成的时刻，同时也是主筹码峰形态出现的位置。我们认为这种筹码主峰的形成，有助于价格脱离调整状态，进入稳定上涨阶段。特别是在主力筹码稳定以后，推动价格脱离筹码主峰是主力投资者盈利的重要方式。我们按照主力的拉升股价节奏确认买点和持仓时段，便可以获得较高的收益。

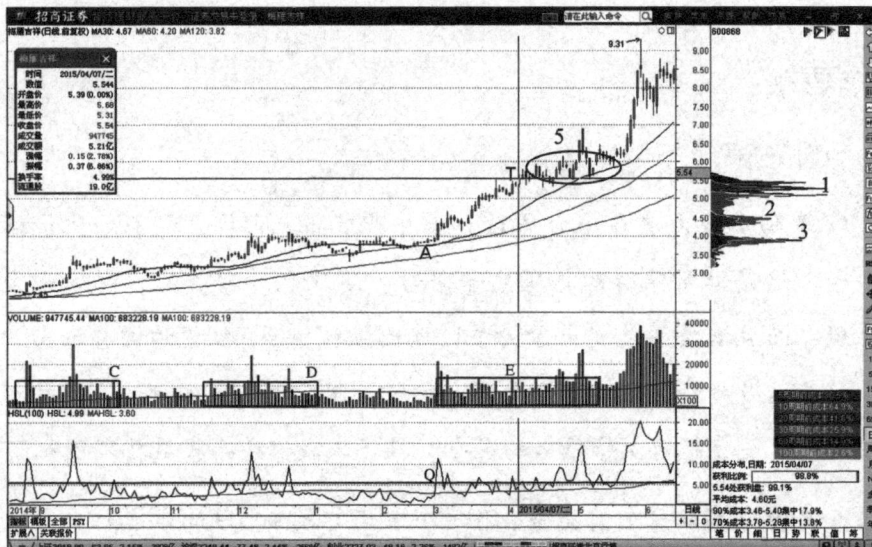

图6-4　梅雁吉祥日K线图

操作要领：

　　如图6-4所示。

1.筹码脉冲形态基本形成：价格进入一轮回升以后，股价便从A位置上升至图中的T位置，筹码形态上表现为明显的脉冲形态。图中显示的1、2、3对应的筹码峰显然就是价格调整期间筹码脉冲的结果。图中1位置显示的筹码规模明显比较大，这是价格短线进入调整状态的信号。

从买点的角度看，调整阶段的筹码密集分布形态自然还会形成，而这是新一轮主力拉升阶段的买点信号。

2.量能处于稳定放大阶段：从图中显示的Q位置开始，成交量就已经进入放大状态。量能稳定在5%以上，这是非常明显的放量信号。同时，图中E位置显示的成交量始终处于100日等量线上方，我们更可以确认该股的活跃度非常高，并且是能够持续下来的活跃状态，这是确认买点的重要信号。

3.股价调整时间缩短：当我们确认图中1位置的筹码规模明显增加的时候，该股进入短线调整状态。图中5显示的椭圆形趋势，是股价调整的时刻。图中这一时段持续时间更短，股价已经连续走强。在量能稳定放大的情况下，主力拉升股价的意图明确，即使调整时间较短，股价依然能够大幅回升。

总结

　　在筹码从单峰向多方脉冲发散的过程中，价格走强的趋势不会停止。只要筹码转移节奏加强，我们就可以不断确认价格上行期间的买点。随着股价涨幅的扩大，筹码脉冲阶段的具备调整走势成为不错的介入时机。就像图中显示的5位置的调整阶段，我们可以把握好这个位置的买点，以便在价格飙升阶段更好地获利。

6.4 单主峰向双主峰转移

当主力拉升股价的时候，由于短线拉升的压力较大，股价自然表现出滞涨的形态。如果价格还未加速回升，那么在某一价格范围内波动时间过长，就会出现调整形态。从筹码形态来看，筹码主峰也是在股价长期横盘阶段出现的形态。我们可以确认筹码主峰向另一个高位筹码主峰转移筹码，当然也可以发现在价格调整到一定阶段的时候，会同时存在两个相似的筹码峰，这是筹码转移过程中的必然结果。

在单一的筹码峰向双筹码峰转换的时候，我们可以发现股价获得的支撑更强了。因为主力投资者的持仓成本较低，而价格在高位震荡期间巩固了投资者的持仓，并且高位筹码峰的形成也是投资者持仓集中的体现。两部分的筹码峰提供了价格上涨的重要支撑。

从筹码转移的角度看，价格上涨的时候，双筹码峰的筹码一定会向价格高位转移，这是主力拉升股价的最终结果。较低的筹码峰位置是主力投资者的持仓成本区，价格从主力持仓成本区获得重要支撑。等待量能放大的时候，主力开始有步骤地拉升股价，相应的筹码转移期间更明确的盈利机会就出现了。

通常从成交量来看，两个典型的筹码主峰出现，对应地也会出现两次量能集中放大的情况。也只有量能足够多，才会为筹码转移提供机会，同时筹码转移期间价格会出现一定的涨幅。

形态特征：

1.两次量能集中放大：当两次成交量集中放大的时候，筹码转移规模自然会很大。通过确认量能放大，我们可以发现筹码转移的趋势。如果筹码还未明显向高位转移，那么我们认为这是完成筹码峰的过程。筹码峰位置多为建仓投资者的持仓成本区，特别是低位筹码峰对应的价位，它是主力投资者的持仓成本区。

2.股价经历调整阶段：股价经历调整阶段以后，我们会发现价格已经处于筹码峰位置。调整阶段筹码换手量较大，是筹码峰出现的时刻。价格短线回升以后，在短线高位出现的调整形态，为第二个筹码主峰的形成创造了条件。

3.筹码双峰形成：当价格短线调整到位以后，我们可以从筹码形态上确认筹码双峰的存在。双峰筹码位置对应的投资者密集成本分布区，是价格上涨期间的重要支撑位。如果股价加速上涨，那么一定要获得筹码峰提供的支撑才行。随着回升趋势延续，我们可以确认筹码双峰提供支撑后的股价涨幅较大。

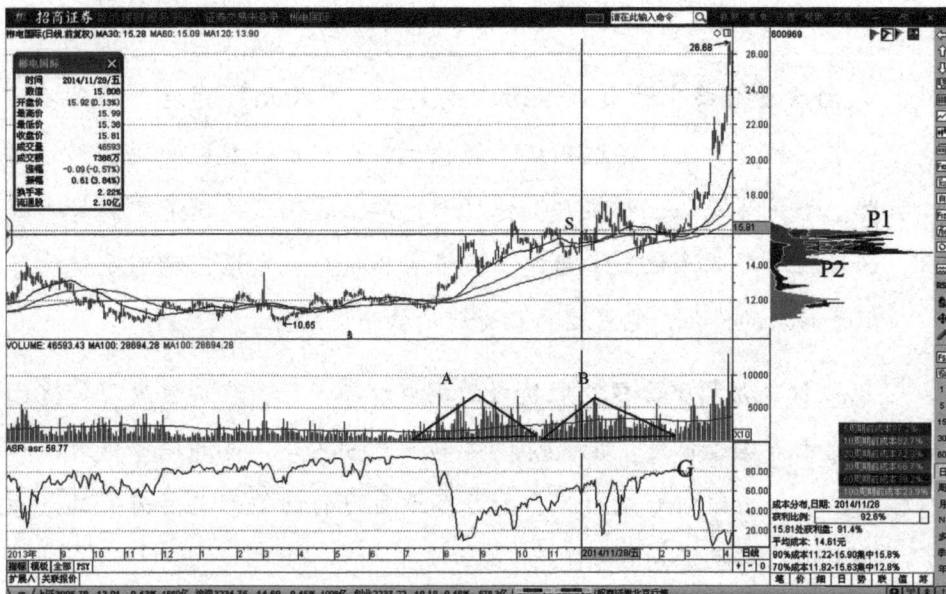

图6-5 郴电国际日K线图

操作要领：

如图6-5所示。

1.量能经历两波放大：我们可以首先确认该股回升阶段，图中A和B位置出现了显著的放量信号。量能在一段时间内维持高位，这是价格上涨的关键因素。而也就是在量能经历放大的过程中，我们可以确认筹码双主峰出现了。

2.筹码双峰出现：图中P1和P2位置的筹码双峰规模较大，显然都处于价格低位。同时存在双筹码峰，这时候价格很难出现明显的回调走势。双筹码峰提供的支撑非常坚强，以至于我们不必担心该股会出现明显的回落。当然，从主动获取收益的角度看，价格还未明显脱离筹码双峰所在价位，这也是我们确认建仓时机的位置。

3.股价调整期间ASR见顶：通过浮筹指标ASR高位运行，我们可以确认价格处于突破的前期。图中G位置的ASR指标已经高达80，这是长期盈利很难得的指标处于高位的时刻。浮筹较大，这也为主力介入提供了可能。只有主力投资者放量拉升股价，才能促使股价大幅上扬。而接下来该股的表现，也验证了我们的看法。

总结

　　在筹码双峰出现的时候，价格已经处于突破的前期。筹码双峰虽然同时存在，但这是主力拉升股价后的结果。筹码分布在价格高位和稍微低一些的价位，同样说明主力投资者的持仓相对集中。当然，散户投资者的持仓同样集中在这一区域，只是散户投资者的持仓成本会相对高一些，多数成本在双筹码峰的上限筹码峰位置，也就是图中的P1位置的筹码峰位置，对应的价位是散户投资者的持仓成本区。主力放量拉升股价以后，散户投资者很快获得收益，促使该股进入更活跃的阶段。

6.5 筹码加速转移至高位

在主力投资者强势操盘阶段，我们会发现筹码出现了非常明显的转移趋势。就在比较短的时间段内，大量筹码转移至高位，并且伴随着股价强势回升。从换手率指标来看，该指标一定会达到很高的位置。换手率指标高企，推动筹码在投资者之间转换，相应的新的筹码峰形态也会出现。

在主力强势操盘阶段，筹码转移速度总是很快。我们可以发现在换手率指标高位运行的时候，筹码并不一定在散户投资者之间转移。有一种可能性是，主力投资者依然在操盘，而新近的资金主力开始抢筹，使得筹码峰快速转移。旧的筹码峰还未完全消失，新的筹码峰已经出现。推动价格上涨的因素很多，我们发现股价短线表现抢眼，这显然是筹码大量转移的结果。资金主力对个股关注度较高，在拉升股价的过程中，不仅主力投资者可以盈利，散户投资者也可以同步获利。

价格处于活跃阶段的时候，主力拉升股价不会轻易结束。随着换手率高位运行，我们可以确认筹码加速转移的追涨机会。从价格位置来看，即使股价已经处于历史高位，在换手率大幅提升的情况下，筹码转移推动的价格上涨也不会轻易停止。主力拉升股价的意图在筹码大量转移期间得到体现。事实表明，忽视放量回升的价格走势，我们将错过盈利机会。

形态特征：

1.换手率连续创新高：通常一只股票的换手率不会达到10%以上，高达10%以上的换手率出现的时候，这一定是股价活跃度飙升的信号。当活跃度高企的时候，价格回升潜力会得到释放。筹码在换手率达到历史高位期间转移效率很高，成为推动价格上涨的因素。实际上，只要持仓成本提升，我们就可以确认价格上行趋势。筹码形态上反映出的价格回升潜力还是比较大的。

2.筹码开始加速转移：即使股价短时间内涨幅有限，也不会影响筹码向上转移的趋势。我们可以确认筹码大量向上转移，换手率高位运行，这体现了主力的做多热情很高。筹码转移数量较大，说明价格上涨的阻力很强。但是从短线来看，股价还不大可能见顶。随着筹码加速转换，新一轮的回升走势有望出现。

3.放量运行态势得到延续：从成交量放大的价格回升趋势看，量能并未出现萎缩迹象。更高的成交量不断出现，形成对价格强势运行的重要支持。如果我们确认放量趋势，发现股价加速上涨的走势并不困难。通常只要成交量还未达到极限数值，价格上涨就不会因为涨幅过高而结束。

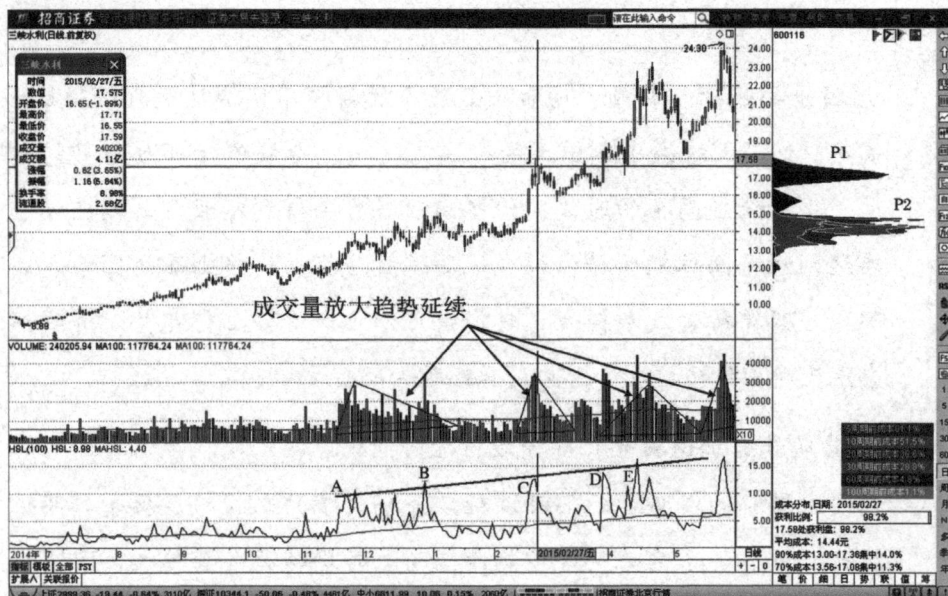

图6-6　三峡水利日K线图

操作要领：

如图6-6所示。

1.换手率屡创新高：图中显示的从A开始的换手率可以高达10%以上。这种高换手率并未见顶，而是继续出现了图中B、C、D、E等高换手率情况。可见，股价表现还是非常抢眼的，使得该股的活跃度始终处于高位运行。

2.高位筹码主峰瞬间形成：从图中的筹码形态来看，P2位置的筹码峰处于低位，价格短线飙升以后，P1位置的筹码峰迅速形成。可见，筹码转移的规模还是很高的，并且筹码转移趋势得到加强。我们认为这是价格可以稳定上涨的基础。虽然低位筹码大量向上转移，但是在该股活跃度处于非常高的状态的时候，这种筹码转移过程中的接盘者大有人在。即使持股的主力投资者不去拉升该股，场外资金对该股的推动效果也依然不容忽视。

3.量能放大趋势得到延续： 从成交量的表现来看，图中量能放大趋势显然非常明显。最高量能总是能达到更高位置，而股价的回升节奏显然没有结束的信号。

4.买点出现在放量过程中： 图中显示的量能放大趋势延续，筹码快速转移的时候，图中J位置对应的筹码峰P1位置明显增加。我们可以在这期间确认追涨的买点。如果这种规模的筹码转移趋势不变，便可以持股等待价格出现更大的涨幅。最终，非常明确的筹码单一主峰出现在价格高位前，我们都可以持股并且获得收益。

总结

　　在筹码转移速度加快的时候，价格波动空间较大，这个时候是高风险的持股阶段。我们不知道什么时候价格高位会出现单一的筹码主峰，同样不知道价格何时会跌破筹码主峰。不过这个时候，继续持股通常是比较好的做法。持股成本不宜过高，追涨期间买入股票数量设法控制在比较小的资金量，这样才能更好地适应价格回升趋势。

　　对应筹码大量转移期间的交易机会，我们可以确认主力正在拉升股价。在主力拉升股价期间，任何见顶信号都是我们应关注的地方。因为股价涨幅越大，伴随着价格回落风险也会越高。在确认筹码向上转移趋势的同时，我们需要密切关注主力投资者操盘期间的高位逃顶机会。当然，逃顶信号的出现一定伴随着价格跌破筹码主峰，我们可以耐心持股，等待最后的盈利机会出现。

第7章
主力出货阶段卖点解析

　　主力为何会考虑出货原因是股价大幅上涨后获利丰厚。实际上，主力投资者出货并非是在股价见顶的那一刻完成的，早在股价回升期间，主力投资者已经在卖出股票。只是在股价见顶的那一刻，主力投资者最后一次出货，从而使得股价很快进入下跌趋势。

　　所以我们要做的事情，就是找到主力最后出货的信号，并且确认高抛的时机，这样我们才能在跟随主力买卖股票的过程中获得更高的收益。利用筹码转移的过程确认见顶信号，这是比较好的形式。毕竟，从筹码上看主力投资者的持仓成本转移，能够清晰地发现主力的出货动作。而价格飙升以后的顶部区域是筹码主峰出现的位置，同时也是股价跌破筹码主峰的卖点。

7.1 跌破筹码主峰的卖点

通常在主力投资者出货阶段，筹码向散户投资者转移，价格很容易出现大跌走势。这个时候，我们可以通过价格跌破筹码峰来确认股价见顶。筹码峰通常是散户投资者买入股票的成本价，而股价跌破成本价意味着散户投资者处于亏损状态。由此我们很容易联想到，接下来股价继续下跌期间自然会促使散户投资者割肉出货。下跌趋势中的筹码转移是向下的，新进入的投资者持仓成本虽然相对价格高位低，但是考虑到股价处于跌势当中，持股投资者很容易被套牢，因此股价下跌趋势就不会短时间停止了。

从筹码形态来看，如果价格高位出现了筹码单峰形态，那么我们可以确认投资者的持仓成本聚集在高位区。如果不是单一的筹码峰，说明投资者的持仓相对分散。即使如此，如果价格高位的筹码峰规模更大的话，在股价跌破高位筹码峰的时候，价格下跌趋势也会出现。因为筹码峰规模越大，价格跌破筹码峰后对投资者的影响越大。多数投资者处于亏损状态，价格自然处于下跌趋势中了。

我们可以通过筹码转移情况来判断主力持仓多寡，从而判断价格是否已经出现了见顶信号。价格跌破高位筹码峰时是我们确认反转的机会。股价从高位下跌以后，跌破高位筹码峰便是下跌趋势确认的信号。我们把握好反转机会，逃顶就不再是问题了。

形态特征：

1.股价涨幅较大：当股价上涨空间较大的时候，如果涨幅达到了主力投资者的目标价位，那么高位出货就不可避免了。主力投资者在价格高位减少持股数量，使得股价很难维持高位运行。当筹码转移至散户投资者手中的时候，由于主力投资者不再拉升股价，滞涨状态下股价很容易出现弱势横盘甚至下跌走势。一旦股价回落并且跌破投资者持仓成本，那么接下来的下跌趋势自然会加剧。

2.RSI指标高位背离：股价飙升以后，RSI指标处于高位的背离形态，这很容易理解。因为在主力拉升股价期间，不管指标如何，在主力投资者控盘良好的情况下，股价总是能维持回升趋势。RSI指标背离就说明了一点，股价涨幅的确较大了。等待背离到一定程度的时候，如果主力出货也已经接近完毕，就不难发现股价见顶信号了。

3.量能处于萎缩状态：在量能萎缩的情况下，说明股票交易的活跃度降低，这是股价难以回升的信号。股票成交数量降低，从两个方面说明了问题。其一是主力投资者减仓数量减少，其二是散户接盘能力降低。不管哪一种，都是股价见顶的信号。

4.股价跌破筹码主峰：如果筹码调整到价格高位，并且股价短线跌破了筹码主峰对应的价位，那么我们认为这是持股投资者中多数处于亏损状态的信号。股价表现强势，价格突然跌破成本价，这显然给追涨的散户泼了一盆冷水。股价跌破高位筹码峰成为价格下跌的导火索。如果场外接盘资金缺乏，股价会进一步跌破投资者的持仓成本价，那么股价暴跌走势就不可避免地形成了。

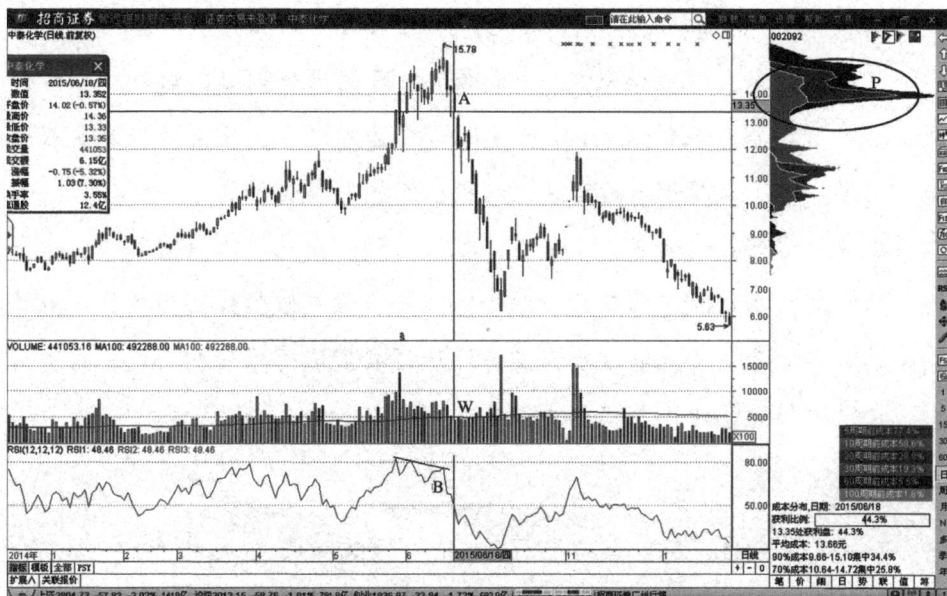

图7-1　中泰化学日K线图

操作要领：

如图7-1所示。

1.B位置RSI指标背离：图中B位置的RSI指标显著背离，这与股价再创收盘新高的情况截然相反，可见指标上反映出的见顶信息不容忽视。B位置的RSI指标两次背离以后，该股很难维持强势运行状态。因此我们可以通过量能萎缩和股价跌破筹码峰进一步确认卖点。

2.W位置量能开始萎缩：成交量萎缩的W位置，同时也是指标开始背离的位置，表明推动价格上涨的多头已经无法再拉升股价。这样一来，我们考虑卖掉股票是明智的做法。该股已经不具备条件大幅回升，考虑到前期涨幅较大，确认股价见顶的可能性很高。

3.A位置股价跌破筹码主峰：A位置价格已经出现回落，并且股价轻松跌破了P位置的筹码峰，这是下跌趋势进行的信号。随着股价确认了反转走势，从股价跌破P位置筹码主峰的那一刻起，该股就已经处于跌势当中。我们认为P位置筹码峰被套牢以后，股价很难出现有效反弹。接下来股价单边下跌，的确已经能够说明问题。

确认股价回落的卖点，我们可以在分时图中进行。当分时图还未收盘的时候，我们就可以确认下跌趋势。而当预期股价能够跌破筹码主峰的时候，确认卖点非常有意义，这使得我们能够早一些出货，而不必在跌幅扩大的时候寻找出货机会。

总结

　　从跌幅来看，股价最高见顶15.7元，而低位跌至6元底部，下跌空间达62%。随着跌幅扩大，在前期价格上涨期间获利的投资者当中，多数已经处于明显的亏损状态。可见，为了有效应对股价回调走势，需要尽快确认股价跌破筹码峰的卖点。虽然大阴线实体较长，但是从连续见顶的价格走势分时图股价表现来看，我们有足够的时间完成抛售动作。

7.2 跌破高位筹码单峰的卖点

从回升趋势来看，如果筹码调整到单一的筹码峰形态，并且股价涨幅较大，我们就应该确认股价已经见顶。特别是如果股价跌破了筹码主峰，相应的持股投资者中很少处于盈利状态，这将显著改变价格运行节奏。

面对大幅上涨的股价，追涨买入股票的投资者多数是为了短线持股盈利。股价大幅飙升的时候，主力投资者出货意图开始体现出来。如果主力投资者大量出货，那么筹码一定会在高位得到转移。散户追涨买入股票，成为在价格高位接盘者。当散户投资者接盘以后，随之而来的便是量能萎缩信号。股票成交量快速减少的时候，持股投资者没有耐心等待主力拉升股价上涨。随着调整的来临，托盘者非常少，使得股价轻易跌破了散户投资者的高位持仓成本价。

从实盘的价格表现来看，我们会发现，投资者在价格高位的出货机会还是比较多的。特别是在股价横向运行在价格高位期间，我们可以发现股价可以轻松跌破筹码峰对应的价格高位，而这种股价下跌是在调整完成以后。在价格回升期间，筹码已经向高位转移。股价在高位横盘运行的过程中，我们可以确认筹码向单一的峰形调整。

形态特征：

1.RSI指标背离回落：如果股价涨幅确实很大，在连续飙升以后，虽然价格还能再创新高，RSI指标也可以背离回落。通过确认RSI指标的背离形态，我们就能够发现股价高位的卖点。

2.成交量显著萎缩：在量能萎缩的情况下，股价活跃度快速降低，散户投资者的追涨热情降至冰点。随着价格走弱，股价调整完成以后的卖点将很快出现。我们可以利用成交量萎缩的机会把握好股价见顶回落的节奏，从而确认高抛的机会。

实际上，价格回升至高位以后，能够推动价格上涨的量能会很大。即使成交量依然处于高位运行，但是在量能萎缩的趋势开始的时候，股价也很容易见顶回落。

3.股价跌破调整形态：调整形态出现在价格高位，这是非常难得的形态特征。调整期间股价涨幅非常有限，相应的卖出股票的机会不断得到确认。就在价格跌破调整形态的过程中，我们也持续减少持股数量。等待反转真的出现，在已经大幅减仓的情况下，完成最后一次出货动作，我们就不会出现亏损。

4.筹码获利率迅速回落：通常股价跌破了调整形态也就跌破了筹码主峰，这个时候的筹码获利率快速回落。我们可以发现筹码获利率可以低至30%，这是大量持股投资者套牢的价格下跌信号。

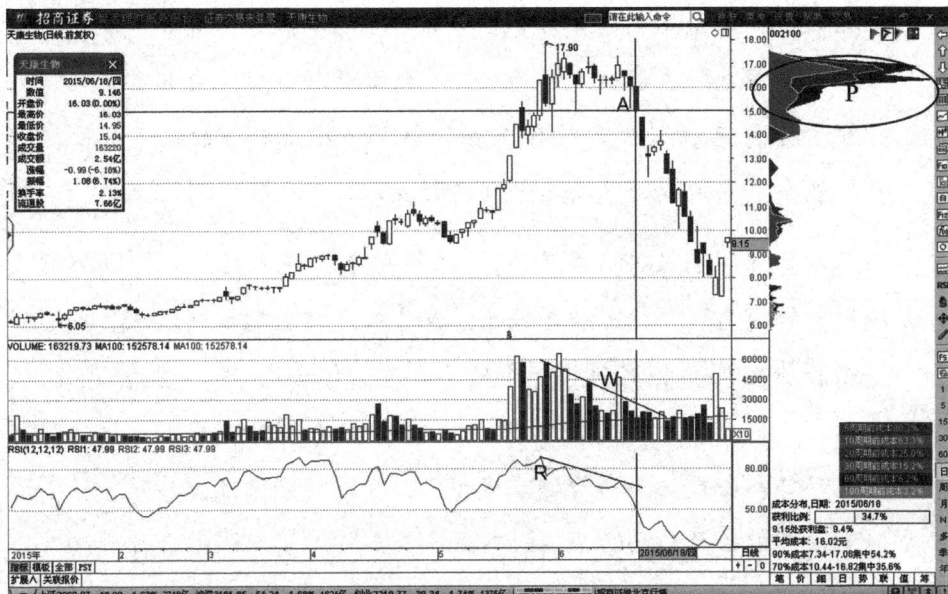

图7-2　天康生物日K线图

操作要领：

如图7-2所示。

1.RSI指标背离回调：图中R位置是RSI指标的见顶位置，同时也是我们确认卖点的时刻。RSI指标见顶了高位的80以上，超买背离形态同步形成，因此该股回落的概率就很大了。我们同时关注到RSI指标超买背离以后，该股确实已经进入调整状态。

2.W位置成交量显著萎缩：W位置量能逐步萎缩，这是股价进入调整状态的推动因素。成交量萎缩速度很快，不足一个月量能就已经从高位调整到100日等量线附近，使得股价很难出现强势表现。

3.从价格跌破P位置筹码峰来看：图中P位置筹码峰被跌破以后，我们更能够确认反转信号了。在A位置的价格三连阴线出现以后，筹码峰被跌破，而筹码获利率降低至34%，这是多数投资者套牢的反转信号。既然多数投资者处于亏损状态，那么反转的效果会非常明显。主力投资者并未在这个时候有任何动向，这显然是早已经完成出货动作。散户主导的股价下跌趋势最终形成。

4. 从卖点来看：图中A位置的3根阴线形态出现以后，显然成为被验证的反转走势。股价跌破筹码峰，意味着反转趋势得到确认。我们可以根据价格调整和见顶的节奏确认卖股的机会。在A位置的3根阴线之后，我们完全有机会在价格处于16元附近的时候完成大部分的股票出售动作。即使接下来价格依然回落，在下跌期间减少持股并不会明显影响我们的盈利状态。

总结

　　在确认主力出货动作的时候，我们主要参照筹码转移的情况判断。本例中筹码几乎完全转移至价格高位，这是主力接近完成出货的信号。同时股价跌破了筹码峰，意味着散户投资者被高位套牢。在没有主力参与的情况下，股价很难维持强势状态，价格下跌自然也就在意料当中了。

　　综合RSI指标、成交量萎缩以及股价跌破筹码峰，我们有理由相信该股的下跌趋势形成。紧跟着在股价还未明显杀跌的时候快速离场，自然就保住了收益。

7.3 跌破高浮筹价位的卖点

在价格回升阶段，活跃个股的筹码转移速度很快，使得筹码转移期间的投资者盈利机会更容易出现。价格波动频率与筹码转移速度相关性很大。如果我们认为股价涨幅已经较大，并且多数筹码调整到价格高位，那么这个时候可以确认主力完成了出货动作。在价格高位筹码主峰形成以后，股价跌破筹码主峰的那一刻便成为最后一次确认反转形态的卖点。

从筹码形态来看，我们可以确认单一的筹码峰形态出现在价格高位，这时候价格跌破筹码峰是非常典型的高抛交易机会。如果我们还未确认筹码单峰形态出现，那么可以利用浮筹指标ASR来确认。当浮筹指标数值高达90以上的时候，我们能够很好地发现筹码主峰的形态。伴随着筹码主峰的出现，接下来股价跌破筹码主峰的高抛交易机会自然会被发现。

ASR数值高达90以上的情况出现概率很小，如果股价已经处于高位，那么在高浮筹的状况下股价见顶的概率会很大。通常，我们不必在浮筹指标高企的情况下卖出股票。毫无疑问的是，在高浮筹情况下，价格高位附近是投资者的重要持仓成本区域。从股价跌破筹码峰的那一刻起，相应的高抛交易机会就已经出现了。我们要做的事情是把握好价格跌破筹码峰的卖点。从下跌得到确认的那一刻起，完成卖出股票的动作。

形态特征：

1. 浮筹指标ASR达到90以上： 在股价活跃度很高的情况下，大量筹码可以在非常短的时间里发生转移。如果我们可以通过ASR指标确认浮筹数量，那么在该指标高达90以上的时候，一定是浮筹达到历史高位的时刻。ASR指标达到90上方，我们可以确认股价调整到位。从筹码转移的角度看，主力投资者完成了出货动作，同时散户投资者成功在价格高位接盘，距离股价高位回落一步之遥。

2. 成交量明显处于萎缩状态： 在量能开始萎缩的情况下，即使股价活跃度依然处于高位，也不能成为推动价格上涨的因素。在缩量状态下，不仅主力投资者早已经退出，而且资金量高一些的散户投资者也在高位减少持股，从而使得股价上涨的可能性进一步降低。

3. 股价低开下挫： 从价格表现来看，股价低开期间我们可以确认股价已经开始见顶回落。在低开的情况下，投资者的持股热情遭到明显的打压。散户投资者的持股耐心已经受挫，而场外投资者高位买入股票的积极性又达冰点，股价下跌趋势便在所难免了。

4. 高位筹码主峰被一次性跌破： 价格高位筹码主峰被一次性跌破以后，我们认为股价下跌空间被打开。随着价格不断杀跌，股价脱离筹码主峰的速度在加快。与此同时，高位持股的投资者并未完全出逃，使得套牢盘数量猛增。当股价进入下跌趋势以后，场内割肉盘出现，场外资金介入以后二次套牢，对价格下跌起到推波助澜的效果。因此，筹码峰被一次性跌破以后，股价单边回落的趋势短时间内都不可能停止。

图7-3　沃尔核材日K线图

操作要领：

如图7-3所示。

1.ASR在G位置达到92：当ASR指标调整到高位的92的时候，我们可以确认浮筹已经处于历史高位。这个时候，不管价格向哪个方向运行，都会面临较大的阻力。价格上涨的话，需要量能放大，在无量的情况下股价很难脱离高浮筹区域。而该股前期涨幅较大，在ASR处于高位的情况下，我们认为股价更容易在缩量的情况下跌破高浮筹区域。

2.W位置成交量处于萎缩状态：当成交量萎缩至W位置的低点的时候，量能已经达到100日等量线下方，我们认为这种低量能不可能为价格上涨提供帮助。而在这种缩量态势可以得到延续的情况下，成交量萎缩至等量线下方，价格在缩量状态下大幅回落，这是我们早已预见的结果。

3. 股价在D位置跌破筹码主峰P：D位置的股价跌破了P位置的筹码主峰，成为推动价格下跌的重要因素。P位置的筹码峰是大部分散户投资者的持仓成本区，价格跌破散户成本区意味着熊市已经逐渐形成。我们可以在股价跌幅还未扩大前就卖掉股票。

4. 卖点出现在D位置：图中D位置的股价低开以后，价格已经跌破了P位置的筹码峰，提示我们已经可以全仓出货。既然股价能够跌破筹码峰，那么持股投资者无一幸免地处于亏损状态。价格跌势从股价跌破筹码峰开始，首先卖出股票的投资者总能将损失降低到最小。

总结

在实战当中，我们会发现筹码主峰形成的时刻，同时也是高浮筹状态的时候。ASR指标调整到高达90以上，说明大量筹码聚集在当时的价位附近。这个时候，在缩量调整的过程中，任何有效的下跌中阴线都可以打破多空平衡状态，促使股价快速进入下跌趋势中。我们要做的事情是确认股价见顶的信号，同时在第一时间确认高抛的交易机会，这样才能大幅度降低亏损。

7.4 震荡期间跌破筹码主峰

当股价大幅回升以后，调整可以宽幅震荡的形式出现。价格震荡空间越大，相应的参与短线买卖的散户投资者越多，主力完成出货动作也越顺利。当调整到一定阶段的时候，主力投资者手中的筹码可以完全转移到散户手中。从筹码形态来看，筹码被转手到价格高位。一旦我们确认股价跌破高位筹码主峰，这便成为行情逆转的信号。

确认股价跌破筹码主峰以后，我们会发现价格明显处于下跌趋势中。震荡期间主力筹码已经完全转移到散户投资者手中。筹码主峰形成以后，价格也就调整到位了。如果散户投资者没能主导价格走势，那么主力投资者的最后一次抛售动作很容易将股价打压到大阴线状态。大阴线形成以后，将原本波动不大的调整形态跌破。与此同时，股价也同步跌破了高位筹码峰形态，这是确认卖点的重要机会。

一般来看，在股价大幅上涨以后的高位震荡形态中，主力完成出货的效率很高。只需简单几次震荡，主力就能够完成出货动作。也许有些投资者仍然认为股价处于震荡阶段，投资机会还是很多的。但是，一旦主力投资者资金完全撤出来，散户自身买卖股票期间就很难维持价格高位运行。散户投资者更喜欢在短线交易中获得收益，而不是等待行情发展到中长期阶段的时候考虑买入股票。这样一来，散户投资者自身的抛售行为也会引起价格大幅回调。如果我们预期的事情发生，股价就可以轻易跌破价格高位的筹码峰。高位筹码峰便是散户投资者的持仓成本价位，股价跌破这一区域意味着散户投资者短线交易热情快速降温，股价顺势缩量下跌的走势很容易形成。

形态特征：

1.量能萎缩至100日等量线下方：通常来说，即使成交量高位运行，如果量能萎缩至100日等量线下方，那也是无效的放量。因为回升趋势中成交量会处于放大趋势，而在量能萎缩的情况下，股价很难维持高位运行。100日等量线用来衡量成交量是否已经明显萎缩，一旦确认量能萎缩，我们认为这是股价走弱的信号。

2.浮筹指标ASR调整到80以上：在浮筹指标ASR数值高达80以上的情况下，表明筹码大量聚集在价格高位。而高浮筹的状态下，投资者的持仓成本相对集中，并且是一种盈亏都不明显的短线持股状态。如果股价在这个时候缩量下跌，那么对于投资者的持股热情是个巨大的考验。价格一旦跌破高浮筹区域，意味着下跌趋势可以很快得到确认。

3.阴线跌破筹码主峰：当大阴线有效跌破筹码峰以后，我们认为股价已经进入显著的下跌状态。随着股价跌幅扩大，一根大阴线都能够显著地改变投资者的盈亏状况。如果大阴线跌破了高浮筹的筹码峰位置，那么这将是股价开始杀跌的起始点了。高浮筹区域同时也是筹码主峰位置，价格跌破这个位置以后，散户投资者很快处于亏损状态。在来不及反应的情况下，短线交易机会已经消失。恐慌情绪在散户之间蔓延，缩量单边下跌走势由此成型。

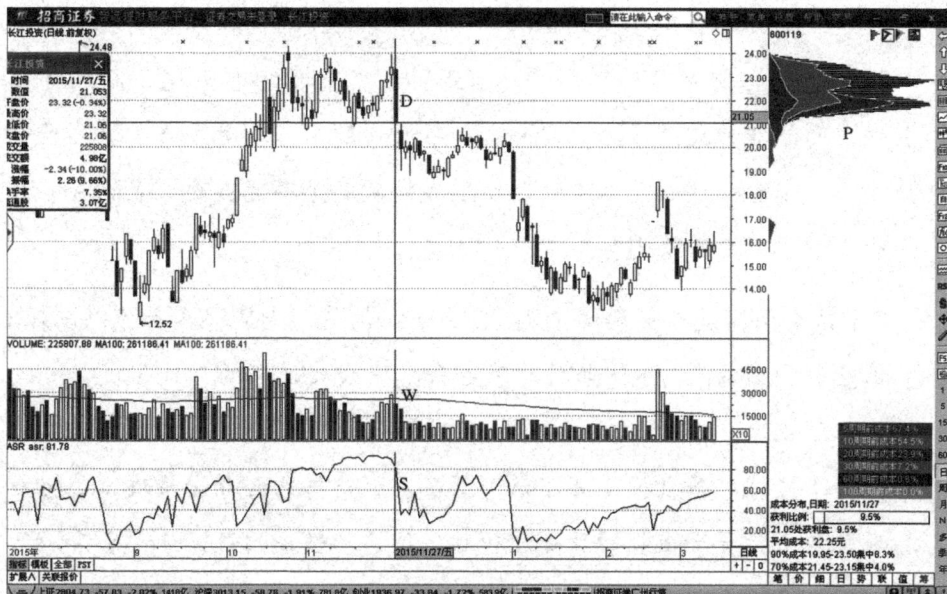

图7-4　长江投资日K线图

操作要领：

如图7-4所示。

1.W位置量能显著萎缩：图中显示的W位置的量能已经跌破100日等量线，但是这不是量能第一次萎缩至此，该股进入震荡调整以后，成交量就没有站稳到100日等量线上方。这表明，该股的活跃度显著降低，散户投资者只顾短线交易，却很少有人会多持股几个交易日。在人心涣散的情况下，股价震荡走低已经在所难免。股价杀跌需要的是大阴线来开启下跌状态，而我们需要关注这种见顶形态，以免在股价杀跌的时候遭遇损失。

2.S位置ASR调整到80以上：图中显示的S位置的ASR已经调整到高位的80上方。ASR指标的回升并非一气呵成，而是在股价缓慢震荡的时候逐步回升的。价格飙升至高位以后，浮筹指标ASR调整到80上方，提示我们当前浮筹已经处于相当高的位置。价格脱离这一高浮筹区域，面临非常大的压力。同时，一旦股价脱离高浮筹区域，单边趋势就可以出现。该股是以下跌阴线形式跌破高浮筹区域的，显然有助于股价形成单边下跌走势。

3.D位置阴线跌破筹码主峰P：在价格高位震荡期间，我们可以发现d位置的阴线穿越了P位置的筹码主峰。阴线以跌停的形式出现，可见股价下跌节奏很快。散户投资者的持股成本聚集在P位置筹码峰对应的价格区域。多数投资者还来不及反应，价格已经开始杀跌。如此一来，主力投资者出货动作是成功的，使得多数散户投资者被套牢。从逃顶的角度来看，即使我们没能在跌停前卖出股票，考虑大阴线出现以后减仓，也是非常有必要的。

总结

　　在股价高位震荡期间，看似短线交易机会很多，一旦我们介入却又面临股价下跌风险。事实上，主力利用价格震荡的策略继续完成出货动作。等待股价震荡结束以后，主力投资者出货完成，价格缩量跌破高位震荡区域，一定会套牢多数散户投资者。这样，主力就在散户还未察觉的情况下出逃，而持股投资者只能遭受损失。我们在股价震荡调整期间减少持股，是比较有效的应对策略。即使主力还未完成出货，我们有理由相信减仓是理智的操作策略。而从大阴线跌穿筹码主峰的那一刻起，尽可能快速地完成卖出股票的动作，可以减少我们的亏损。

7.5 冲高回落套牢大量筹码卖点

在股价冲高回落的时候，我们可以很容易发现主力出货并且套牢散户投资者的情况。从价格表现来看，可以是低开后冲高回落的价格走势。分时图中股价开盘价格已经出现回落，但是开盘以后反弹走势形成。随着反弹期间量能无法放大，股价在缩量的情况下自然见顶下挫。

当主力完成出货动作以后，股价冲高回落的表现并不难理解。因为股价上涨期间主力获利丰厚，主力出货动作不会很快引起价格回落。但是出货完毕以后，拉升股价的主力已经不再控盘。仅凭借散户的力量很难维持价格高位运行。分时图中股价低开后的冲高回落走势，我们认为是主力出货后的正常价格表现。股价反弹只是因为少数散户买入了股票，并不是主力投资者操盘的结果。散户买卖股票有短期性和随意性的特征，自然不可能拉升股价大涨。

从筹码形态来看，在股价见顶回落的过程中，我们可以发现筹码多数转移至价格高位的情况。这个时候，股价高位回落显然已经跌破了多数投资者的持仓成本价，同时也推动股价进一步跌破散户投资者的持仓成本。从振幅来看，如果股价在分时图中的波动空间较大（10%以上），那么我们认为多空争夺是非常充分的。股价在分时图中经历低开后反弹回落的走势。尾盘股价收盘大跌，已经可以提示我们反转走势出现。如果分时图中股价杀跌延续到接下来的交易日中，那么股价距离杀跌就已经不远了。

形态特征：

1.分时图股价低开完成杀跌走势：价格开盘已经出现下跌，这提示我们股价有走弱的迹象。特别是在股价低开较多的情况下，下跌信号更加明显。股价低开2%以后，即使开盘后价格快速反弹，如果量能没有显著回升，我们也确认为价格见顶信号。缩量以后，股价能够在短线高位运行的时间很短。上午盘中，股价缩量回调走势就可以出现。随着价格回落空间加大，午后股价会出现放量杀跌的走势，提醒我们价格已经进入下跌趋势。

2.筹码在价格高位集中：当筹码向价格高位转移的时候，我们能够发现低位筹码已经转移到价格高位。底部筹码越来越少，而价格高位的筹码主峰规模快速膨胀，这是非常危险的信号。只有在主力完成出货期间，价格高位筹码主峰才会出现。因此，我们根据筹码主峰形态确认股价见顶，显然非常重要。特别是当价格以中阴线形式快速穿越筹码峰的时候，相应的卖点也就形成了。股价首次跌破筹码峰的时候，价格还会在短时间内进一步跌穿筹码峰，这是我们需要关注的卖点。

3.日K线价格开始跌破筹码主峰：日K线图中，如果出现中阴线甚至大阴线形态，那么价格很容易跌破筹码峰对应价格区域。筹码峰是散户持仓成本区，同时也是比较重要的支撑区域。如果多数持股投资者在股价下跌期间亏损，那么股价进一步杀跌走势就不可能避免。

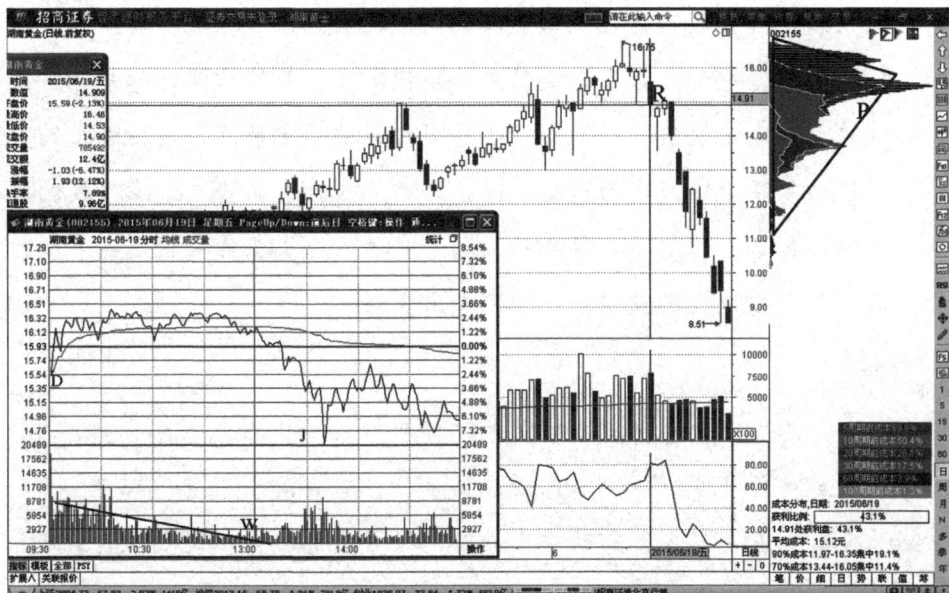

图7-5 湖南黄金日K线图

操作要领：

如图7-5所示。

1.D位置股价低开杀跌： 在图中D位置的股价低开期间，我们认为价格开盘下跌已经大于2%，这是比较明显的打压动作。可以确认的是，该股高位低开并不是价格强势的表现。通常我们经过分析以后，可以发现主力完成出货后的见顶信号。

2.J位置股价放量下挫： 开盘以后股价快速反弹，但是盘中涨幅有限。在量能萎缩至图中W位置的低点以后，我们认为股价已经再也无法上涨。因为主力显然已经在上午盘中诱多，但是散户投资者并未明显介入，使得股价在缩量状态下深度杀跌至J位置的低点。

3.R位置跌破筹码峰卖点： 分时图中股价冲高回落以后，日K线图中的阴线已经接近跌破筹码峰。我们认为股价已经进入比较典型的下跌状态。从筹码形态来看，高位筹码规模更大，而价格低位的筹码峰快速减少，表明股价回落以后大量筹码已经被严重套牢。起始阶段的股价跌破筹码主峰，成为价格快速杀跌的导火索。从卖点来看，我们将不得不把握好价格跌破筹码峰的减仓交易机会。在确认股价还未扩大跌幅的时候，我们应该早一些完成出货动作。

总结

低开是股价见顶的重要形式，而低开以后股价冲高回落，又是主力投资者诱多出货的一种策略。如果主力投资者成功出货，那么一定会利用各种手段完成出货动作。低开之时成交量较大，说明主力又一次完成了出货动作。而股价缩量反弹无果而终，下跌期间的卖点自然也就形成了。我们应该把握好低开阴线形态，在股价即将大幅跌破筹码峰的时候，顺应下跌趋势，快速完成出货动作才行。

第8章
下跌阶段提供强支撑的筹码形态

在股价进入下跌趋势以后，通常股价不会单边下跌至起始的上涨价位。在实战当中，我们可以发现股价杀跌以后在某个价位止跌，而止跌价位便是主力投资者的持仓成本区。在实战当中，一只股票的上涨并非一个主力拉升的结果，而是多个主力共同操作的结果。那么如果有些主力没有完成出货动作，价格回落至主力投资者的持仓成本区，股价就会出现反弹走势，因为主力投资者也会设法自救，短线拉升股价的过程便是主力自救的过程。

既然主力短线拉升股价，那么我们就有机会获得短线收益。不管是从止损还是超短线操作来讲，都是我们盈利的有力时机。

8.1 单一筹码主峰强支撑与抄底机会

当股价大幅度上涨以后，我们可以看到价格见顶之时筹码主峰已经出现。价格高位的筹码峰规模很大，这是主力投资者完成出货动作的信号。如果股价跌破了筹码主峰，那么价格下跌趋势一定会加速进行，这是必然的价格走势。那么股价跌破筹码主峰以后，下跌趋势中我们何时选择抄底股票呢？我们可以选择股价下跌至低位筹码峰的时候买入股票，这样即使是短线的盈利机会，那也是非常可观的。因为股价大幅下挫以后，相应的反弹空间会相当可观。甚至从低位开始，股价容易出现高达50%以上的涨幅。实际上，下跌趋势中出现50%以上反弹已经是比较好的盈利机会了。

在实践中，即使在股价涨幅较大的情况下，主力投资者完全出货的情况也不是每次都会出现。特别是在资金主力较多的情况下，股价见顶回落的时候，主力投资者很可能依然持有股票。所以价格从高位回落以后，我们会发现价格并非单边下跌的情况。当股价跌幅到一定程度的时候，就会出现反弹走势。而股价见顶以后，依然持股的主力投资者的持仓成本价位是非常重要的反弹位置，也是我们可以获得短线收益的买点位置。从短线交易方面看，我们可以在股价下跌至主力筹码峰对应的价格买入股票，以便提升盈利空间。

从股价见顶的那一刻起，我们就可以确认低位筹码峰对应的价格区域。股价见顶期间，如果主力投资者持仓的低位筹码依然存在，那么我们认为主力投资者完全出货的概率已经不大。这个时候，在股价见顶回落以后，价格可以在低位筹码峰对应的支撑位出现反弹走势。而我们可以在低位筹码区对应的价格买入股票，等待反弹期间获得可观的利润。

实战表明，主力投资者的操盘时间段是非常长的，即使股价出现了见顶回落的情况，也不可能将主力投资者完全逼出局。也就是说，主力的持仓有很强的连续性，如果我们确认价格见顶期间低位筹码峰显著存在，那么价格跌至主力的持仓成本区以后，主力投资者买入股票的动机一定会比较强。为了捍卫成本价，在主力投资者主动买入股票的过程中，下跌中的股价自然会反弹上涨，这也是我们在下跌趋势中盈利的关键。

形态特征：

1.股价见顶高位：当我们确认股价见顶高位以后，价格高位的筹码峰一定会被跌破。这个时候，确认价格高位对应的筹码峰形态非常重要。如果我们看到低位区的筹码峰依然存在，即使规模不大，我们也认为是主力投资者的持仓。价格见顶回落以后，比较明显的反弹走势会出现在低位区。

2.RSI指标完成双底形态：在确认股价触底低位筹码峰的时候，我们可以通过RSI指标来判断。如果RSI指标完成了双底形态，那么股价在低位筹码峰见底的概率就会很大。RSI指标以双底反转企稳的时候，同样也是股价开始反弹的时刻。我们确认价格反弹期间的买点，自然可以获得较好的回报。

3.股价在低位筹码峰触底：在看似无底可循的下跌趋势中，股价下跌至低位筹码峰对应的价格区域便会出现反弹走势。如果我们精确地判断股价触底的位置，那么就使低位区筹码峰的下限位置获得支撑。即使股价跌幅较大，并且下跌趋势非常显著，也不会轻易跌破低位筹码峰的下限。因为在主力股价见顶回落以后，低位持股的主力投资者也在等待价格回落至自己的持仓成本价。一旦这种情况出现，主力投资者二次介入，自然拉升股价进入反弹状态。到那个时候，我们获得短线收益就容易多了。

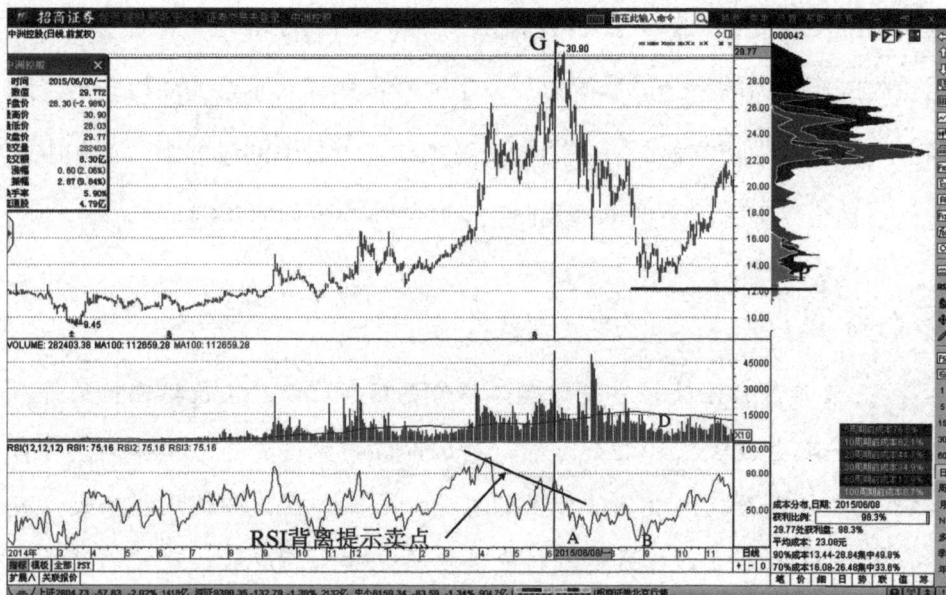

图8-1　中洲控股日K线图

操作要领：

如图8-1所示。

1.股价见顶高位G：在股价大幅上涨以后，我们可以通过RSI指标背离回落确认G位置的价格高位卖点。股价见顶G位置的顶部以后，经过短暂调整就进入大幅下跌状态。股价跌幅较大，从30元高位下跌至12元上方，用时仅仅两个月。股价下跌前，我们可以首先关注低位P

对应的小规模筹码峰。因为P位置对应的筹码峰是主力投资者的持仓成本区，同时也是比较难得的支撑价位。该股很难跌破P位置的支撑位，我们认为股价下跌至对应价位是比较好的短线买点。

2. RSI指标在A、B位置完成双底形态： 在该股下跌期间，图中RSI指标完成了对应的A、B两个低点以后，相应的买点也出现在指标回升阶段。在RSI指标完成双底的过程中，我们可以发现股价已经下跌至筹码峰P对应的12元附近。P位置的筹码峰支撑较强，是我们短线介入盈利的机会。

3. 股价在低位筹码峰P对应的价格触底： 价格在P位置的筹码峰见底以后，我们可以发现股价反弹效率很高。用时两个月，价格从13元飙升至22元高位，涨幅达69%。即使是在下跌趋势中，如此强势的反弹也来之不易，我们能够获利的空间已经很高。

总结

虽然股价已经进入下跌趋势，但是在股价跌幅较大的时候，主力投资者持仓所在价位还是出现了反弹走势。股价反弹速度很快，并且涨幅已经非常惊人。即使是在图中D位置显示的量能萎缩的情况下，反弹也依然形成了。

如此看来，主力投资者拉升股价期间散户投资者并未明显参与进来。价格反弹上涨，更多的是抛售压力减弱和主力主动控盘的结果。价格跌至主力投资者的低位持仓成本区以后，相应的主力维护股价的意愿增强，我们短线买入股票自然能够盈利。

8.2 筹码双峰提供强支撑买点

当股价涨幅较大的时候，价格从高位回落下来，低位筹码峰提供的支撑位置是价格反弹的机会。如果股价见顶之时出现了双筹码峰，那么价格高位筹码峰为主峰，低位筹码峰为小规模筹码峰。双筹码峰之间的位置支撑有限，而低位筹码峰提供了不错的反弹机会。股价下跌至低位筹码峰的时候，技术性反弹走势伴随着股价调整到位出现。我们就是要在双筹码峰的低位筹码峰对应的价位买入股票，以便能够在价格反弹时获得利润。

通常是因为股价走势的原因，价格见顶之时出现了双筹码峰的形态，即同时存在价格高位的筹码主峰和低位的小规模筹码峰。低位筹码峰是股价底部调整阶段出现的筹码形态，该筹码形态可以推动价格上涨，是下跌趋势中非常难得的支撑位。

如果仅从筹码换手的角度看，当价格从高位回落以后，股价接近低位筹码区的时候，几乎大部分的低位筹码已经消失，新的筹码不断换手到价格高位。即使如此，我们依然能够发现股价下跌至低位筹码峰的时候可以获得支撑，并且出现反弹走势。可见，利用股价见顶期间的筹码峰形态，我们可以提前预期到股价会出现反弹的价位。低位筹码峰对应的价格区域，很难被股价首次回落跌破。

当我们确认了股价见顶高位以后，可以将全部股票卖掉。而如果预期到股价会出现反弹的机会，那么手中有资金就不必慌张了。价格下跌趋势虽然明显，但是股价越低持股风险越低。在技术上被确认的低位主力持仓成本区，即使在股价显著回落期间，我们也不应忽视。从资金投入上看，我们不必全仓买入股票抄底。即使是一半的资金投入短线抄底当中，获利空间依然可观。

形态特征：

1.股价见顶在股价大涨以后：当股价大幅度飙升，涨幅远远超过一倍的情况下，股价见顶的机会不断增加。我们可以通过筹码转移确认股价见顶位置，从而判断减少持股的价格。当筹码几乎全部转移至价格高位的时候，这个时候散户投资者高位持股是比较典型的见顶信号。在确认股价见顶之时，从筹码形态上看，在价格脱离高位区域的筹码位以后，股价下跌至低位筹码峰时，便是比较好的短线买点了。从低位筹码区开始，股价出现强势反弹的概率很大。

2.筹码双峰形成存在：股价见顶之时，散户投资者高位追涨后的筹码规模异常庞大。虽然是双筹码峰，但是低位筹码数量已经非常有限。价格跌破高位区筹码峰以后，股价寻求大跌后的低位筹码区支撑。所以根据低位筹码峰所在价位，我们自然能够确认底部区域的抄底时机。

3.价格经历暴跌走势：暴跌走势出现的时候，看似不可能的反弹走势总是会形成。从反弹强度来看，虽然股价涨幅不会轻易超过价格跌幅，但是在下跌趋势中，我们如果有机会获得超过50%的收益空间，那么为何我们不去抄底呢？很明显，低位筹码峰是主力投资者的长期调整持仓成本区。如果股价能够下跌至此，我们应该确认买点并且获得收益。

4.指标背离提示买点：股价回落至低位筹码峰区域，相应的RSI指标会出现背离回升的信号。背离形态提示我们股价已经处于超卖阶段，相应的底部买入股票的机会形成。

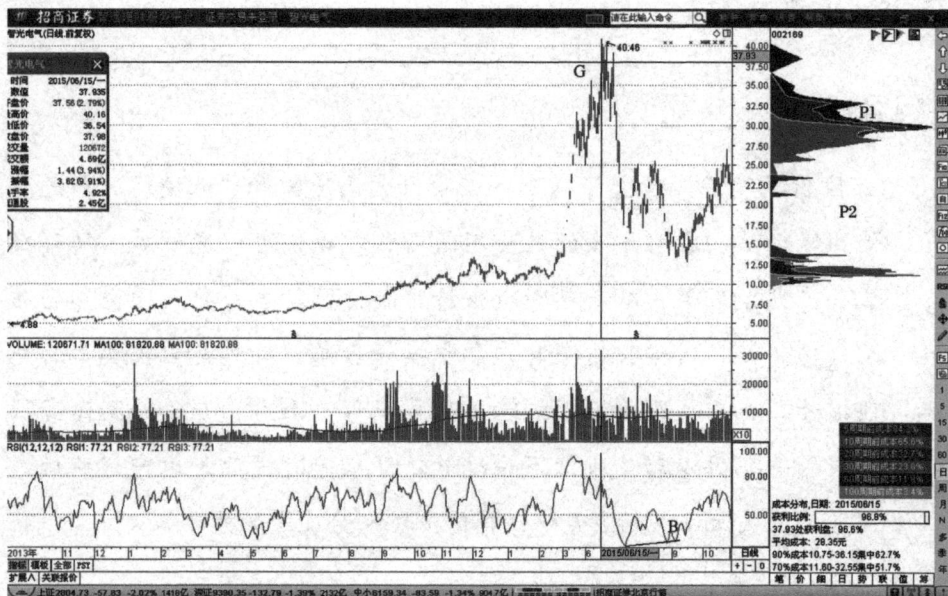

图8-2 智光电气日K线图

操作要领：

如图8-2所示。

1.股价飙升200%后见顶：我们发现该股表现空间高达200%，这是非常高的价格涨幅。大涨以后筹码向高位移动。图中P1位置的筹码规模异常庞大。而图中W位置的成交量已经出现萎缩，这是股价无法继续上涨的信号，意味着股价将很快跌破筹码主峰P1。

2.P1和P2筹码双峰形成存在：在股价见顶之时，我们同时确认了P1和P2位置筹码双峰的存在。P1位置筹码峰的规模较大，是非常典型的高位筹码集中区域。P2位置筹码规模小很多，这是低位持股的主力投资者的持仓成本区。股价跌破P1筹码峰时，我们认为价格可以继续下跌至P2位置的筹码峰区域。而P2位置的筹码峰显然不会被一次性跌破，相应的短线抄底机会将在P2位置的筹码峰对应的筹码峰出现。

3. 价格直线暴跌69%：当我们确认股价暴跌69%的时候，价格已经达到P2位置筹码峰的上限。P2位置筹码峰上限已经是不错的买点。从该股的表现来看，股价并未跌破P2位置的筹码峰，显示出该位置的强大支撑效果。

4. RSI指标在B位置背离：图中B位置出现了RSI指标的典型背离形态，提示我们价格已经出现超跌走势，相应的买入股票的机会出现在B位置对应的价格低点。我们应该做的事情是，在RSI指标出现了B位置的反弹以后买入股票。RSI指标的背离已经获得P2位置的筹码峰的支撑，这是我们超底盈利的重要看点。

总结

　　从价格表现来看，低位筹码峰的存在显然是股价飙升前价格长时间横向调整的结果。在调整的过程中，投资者的持仓成本集中在P2对应的筹码峰位置。而即使股价经历冲高回落的大行情以后，该位置的支撑依然较强。这样一来，我们就能够选择P2位置对应的价格低点买入股票，从而确认反弹期间的盈利机会。该股从P2位置的12.5元反弹至26元高位，涨幅高达108%。如此大的涨幅空间，仅仅出现在股价强势反弹阶段，显然我们不应忽视这样的盈利机会。

8.3 历史筹码峰提供支撑买点

在牛市行情中，如果股价在局部行情中涨幅较大，低位筹码峰依然大量存在。而股价见顶回落的时候，我们可以发现低位筹码峰提供的支撑还是很强的。特别是在股价冲高回落以后，我们可以确认低位筹码峰提供的支撑买点。在确认建仓机会以后，在股价从低位反弹上涨的过程中，我们的盈利空间还是很大的。局部行情中，即使股价涨幅较大，也并非翻几倍的大牛股走势。价格冲高回落以后，我们可以提前预知股价会出现反弹的走势。

从涨幅来看，股价在局部行情中小幅回升后冲高回落，这个时候，低位筹码峰很难完全转移到短线高位。如果我们从价格高位来看筹码分布情况，可以看出价格高位筹码峰规模较大，但是价格低位的历史筹码峰同样规模较大。这样一来，我们认定股价还未有效脱离低位筹码峰。当股价冲高回落，我们可以根据历史筹码峰位置确认买入股票的时机。历史筹码峰位置是不错的建仓价位，同样也是我们获得筹码以后的盈利机会。

在股价表现强势的情况下，与其说这是回升趋势加速的信号，倒不如说是价格波动空间加大的走势。股价处于比较活跃的状态以后，随着涨幅的不断扩张，短线高位的抛售压力增大，股价完成了冲高回落的价格走势。主力投资者不会因为一次简单的飙升而全部抛售股票，而是会在中长期的操盘中获得收益。价格从高位回落以后，股价接近历史筹码区域，这是主力投资者的持仓成本区。我们不必怀疑主力维护股价的决心，只要价格接近历史筹码峰，我们就可以放手买入股票。从持股成本来看，历史筹码峰对应了一个价格区间，而我们的持仓成本在历史筹码峰对应的价格区间就算是比较低的买点了。由于主力投资者维护价格稳定，股价并不会真正跌破历史筹码峰的位置，而是在接近历史筹码峰的过程中已经获得了支撑。

价格在回落期间获得历史筹码峰提供的支撑，相应的价格走势可以是探底回升的十字星形态，或者是低开回升的大阳线形态等。不管怎样，价格瞬间探底回升的走势，总是能够提醒我们股价获得了历史筹码峰提供的支撑。接下来，股价进入强势反弹阶段，我们的持股收益同步得到提升。

形态特征：

1.股价出现短期脉冲行情：在股价达到历史高位的时候，如果成交量在短时间内快速放大，股价很容易出现飙升的走势。主力投资者在历史高位拉升股价上涨，这也为主力提供了短线获利的机会。如果价格上涨只是在脉冲行情中出现，那么我们认为股价飙升空间会比较有限。量能结束放大以后，股价会出现回落的走势。

2.量能见顶后股价同步见顶：在价格短线飙升阶段，股价可以出现一字涨停板的走势，这是量能加速放大的结果。主力投资者并不想给散户追涨的机会，早在开盘阶段就已经拉升股价涨停。随着几个交易日飙升行情的完成，我们可以发现在量能达到天量顶部以后，股价也已经见顶。脉冲行情持续时间虽然比较大，却提供了超短线的不错的盈利机会。正是这个时候，主力投资者盈利丰厚。

3.价格回调至历史筹码峰并且获得支撑：历史筹码峰位置的支撑较强，即使股价短线飙升，也很难促使低位筹码峰完全转移到价格高位。股价短线冲高见顶以后，我们可以确认低位筹码峰对应的价格区间。而在价格下跌的过程中，我们并未持有任何股票，而是等待价格回调至历史筹码峰的时候再确认买入股票，等待股价反弹期间大幅获利。

4.探底K线提示股价触底：历史筹码峰位置的支撑较强，股价经常会出现下影线的K线形态，这提示我们股价已经成功触底。如果我们在历史筹码峰位置确认了支撑形态，买入股票以后自然能够获得收益。历史筹码峰提供的支撑较强，是非常好的买入股票的位置。

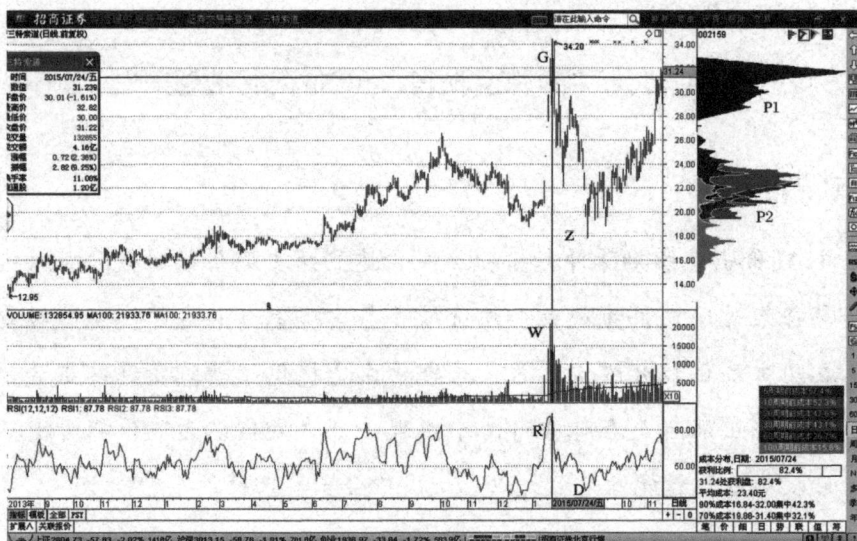

图8-3 三特索道日K线图

操作要领：

如图8-3所示。

1.短期脉冲行情中股价达G点高位：在短线脉冲行情中，该股飙升了四个涨停板形态，其中包括两个一字涨停板走势。也就是说，该股周涨幅已经超过50%，该股顺利完成了脉冲放量的局部强势行情。

2.W位置量能同步天量见顶：W位置的天量量能非常值得关注，天量出现以后该股顺利见顶。这个时候，我们可以通过筹码形态确认价格即将获得支撑的位置。图中显示的P2位置的筹码峰处于相对低位，是历史筹码峰，同时也是主力投资者的持仓成本区。该股飙升空间还不足以使得主力完全卖出股票，因为低位筹码峰将提供强有力支撑。高位筹码峰P1位置筹码规模较大，是短线股价滞涨状态下很容易跌破的筹码位置。特别是在散户投资者高位追涨的情况下，在主力在短线高位兑现收益的过程中，该股自然会完成脉冲行情，并且寻求低位筹码峰P2位置的支撑。

3. 股价在Z位置出现探底形态：图中Z位置的探底回升形态非常明显，是股价触底的重要形态，同时也是我们认为比较可靠的买点。如果我们能够在P2对应的价格低位买入股票，那么将能够获得不错的回报。

4. 价格从P2筹码峰飙升至P1筹码峰对应价位：股价从P2位置的低位反弹以后，价格飙升至图中的P1位置的高位。这期间股价涨幅又一次高达40%以上。由此可见，一旦我们确认了主力投资者的持仓成本价，盈利便只是时间问题。虽然该股经历冲高回落的脉冲行情，但是股价涨幅并不非常高，因此股价回落以后还是能够出现一波大行情。

总结

　　在价格高位的局部行情中，我们能够发现主力大幅控盘的情况。价格波动空间虽然较大，股价却没有出现翻倍的牛股涨幅。主力投资者更倾向于长期操盘，在价格冲高回落的时候，低位买入股票的机会出现，这是非常难得的盈利点。

　　历史筹码峰是主力投资者的重要持仓成本区，资金量大的主力投资者绝不会放任股价跌破自己的成本价。而我们正是看中了这一点，才会在股价触底P2位置筹码峰的时候买入股票，获得不错的短线收益。

8.4 最低筹码峰下方提供支撑买点

在牛市行情中，在股价上涨空间较大的情况下，投资者的盈利空间非常可观。这个时候，即使筹码还未完全转移至价格高位，股价依然有见顶回落的可能，因为不管是散户投资者还是主力都已经大幅度盈利。这样一来，一旦追涨买入股票的投资者不够积极，而场内持股的投资者又急于卖出股票兑现收益，股价就可以快速完成见顶过程。

通常来看，价格高位筹码密集分布的形态出现以后，股价就会出现见顶的信号。价格高位的筹码可以是比较零散的分布，但是这并不影响股价见顶的走势。因为投资者在股价飙升期间不断买卖股票，使得筹码并不是集中分布在价格最高位。不过在推动价格上涨的多方力量不足的情况下，股价见顶回落还是非常容易跌破高位筹码峰的。不管怎样，价格累计飙升空间非常高，并且达到翻几倍的程度。这样一来，总会有投资者急于卖出股票兑现收益。即使是在股价进入下跌状态以后高抛卖出股票，同样有利可图。所以股价一旦见顶，不仅高位出货的主力成为推动价格下跌的因素，而且散户投资者跟进抛售股票，同样会推动价格不断下挫。

那么，是不是股价见顶以后就不会有交易机会了呢？

显然不是的，因为即使筹码向价格高位转移，低位筹码依然少量存在。也就是说，从筹码分布上来看，在价格高位对应的筹码形态中，我们会发现低位筹码依然少量存在，这是股价进入下跌趋势以后重要的支撑价位。因为股价涨幅较大，自然回调阶段的下跌空间会比较大，因此我们可以选择最低位的筹码峰对应的价格区域为支撑位。如果我们在最低位的筹码支撑位买入股票的话，就能够获得收益，同时又能够确保获得不错的收益空间。

在价格见顶高位的时候，这个时候对应的低位筹码峰是比较可靠的反弹位置。价格进入跌势以后，我们不必盲目地抄底买入股票，我们等待股价下跌到位再开始抄底。在股价还未跌至最低位的筹码峰位置的时候，我们只静观股价回落，而不去采取行动。

形态特征：

1.股价缩量见顶形态出现：当股价充分放量上涨以后，如果缩量状态下股价见顶，那么我们可以确认价格将进入下跌趋势。从筹码形态来看，股价见顶历史高位的时候，高位筹码峰规模异常庞大，而低位筹码规模已经非常小。价格每次回落1%，跌破的筹码数量都会非常多，使得股价更容易在缩量状态下进入下跌趋势。

2.高位背离提示股价见顶：当高位背离形态出现的时候，我们可以确认为股价见顶信号，同时在高位卖出股票，减少因为股价下跌带来的损失。在实战当中，如果股价飙升空间较大，并且达到翻几倍的程度，那么我们应该毫不犹豫地抛售股票。实际上，上市公司业绩通常不可能支撑股价连续飙升的走势，从估值上看，如果我们确认股价出现了见顶信号，那么卖出股票是必要的做法。

3.高位背离提示股价触底：价格见顶回落以后，价格下跌期间我们可以通过RSI指标的背离形态确认股价触底。如果该指标在下跌期间背离回升，那么在指标接近50线的过程中，相应的股价已经进入反弹状态，这个时候的买入股票机会非常难得，是获得短线收益的时刻。

4.最低位筹码峰买入股票可以盈利： 在价格杀跌走势完成以后，股价跌幅过大使得技术性反弹走势更容易出现。而在股价见顶之时确认的低位筹码峰对应的价格区域，是我们确认抄底机会的位置。最低的筹码峰位置的支撑较强，我们买入股票可以轻松获取利润。在从最低的筹码峰开始的反弹走势中，低位持股的主力投资者成为推动价格上涨的重要因素。而我们就是要利用这个反弹机会获得收益。

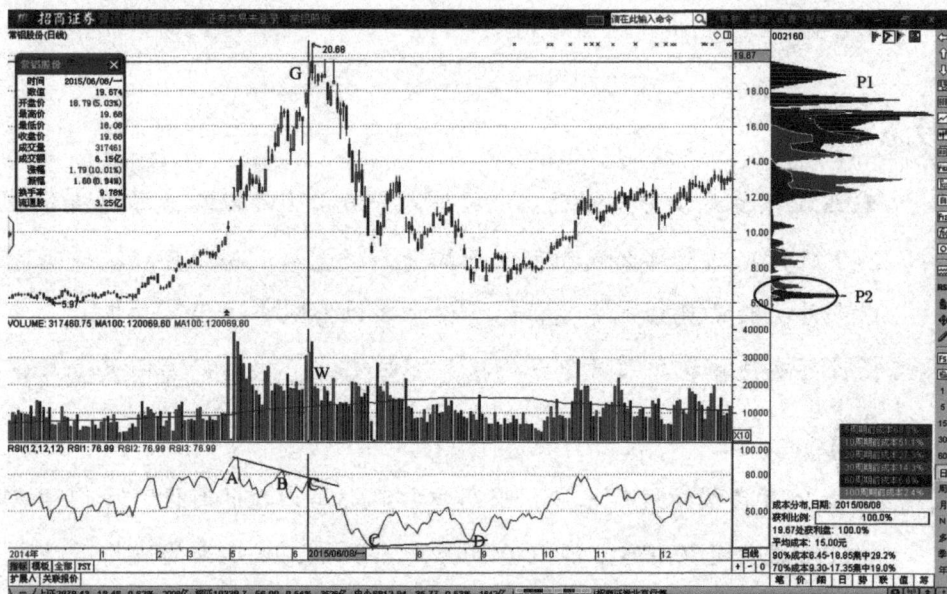

图8-4　常铝股份日K线图

操作要领：

如图8-4所示。

1.股价在G位置缩量见顶： 从图中股价飙升后的量价表现来看，图中显示的G位置的高点出现了非常典型的缩量顶部形态。图中W位置的量能明显萎缩，表明最后阶段的放量已经结束。而股价表现为放量涨停见顶形态，的确已经成为该股反转的信号。通常股价见顶的时候主力会利用最后一次拉升机会大量卖出股票，该股在价格高位涨停后出现的缩量调整表现，不得不让我们联想到股价已经见顶的事实。

2.B、C位置背离提示股价见顶：在股价见顶的过程中，我们可以通过RSI指标的背离发现卖点。在股价涨停前，RSI指标已经在图中的b位置滞涨，表明RSI指标已经与股价形成见顶背离。而接下来该股涨停以后，图中RSI指标继续在C位置形成背离。经过两次背离确认的顶部形态是非常明确的。

当然除了RSI指标的背离形态，我们还能够发现价格高位的筹码规模异常庞大。图中P1位置的筹码规模很大，虽然分布并不非常集中。但是考虑到股价累计飙升空间非常高，主力有非常强的动机高抛卖出股票。即使是在价格进入下跌趋势以后，散户投资者抛售股票依然能够获得利润。这样看来，该股的下跌显然是不可避免的。确认股价见顶以后，低位区域的P2位置对应的筹码区是我们确认股价底部的位置。

3.C、D位置背离提示股价触底：当我们已经确认股价见顶以后，在股价超跌期间，我们依然可以利用RSI指标确认股价触底。图中RSI指标在D位置出现背离回升的走势，这是确认买点的时刻。同时，图中P2对应的价格低位7元附近是比较好的建仓位置。

4.确认最低位筹码峰P2对应的买点：股价下跌空间虽然较大，高达65%，但是大跌以后，我们可以轻松发现股价触底P2筹码峰的买点。从P2筹码峰对应的价格低位7元开始，股价进入技术性反弹阶段。从7元到13元的反弹走势中，盈利空间高达85%。这表明，即使是在下跌趋势中，获得较好的回报并不困难。特别是在股价接近主力投资者的持仓成本位以后，价格进入技术性反弹阶段。主力拉升股价脱离自己的成本价，我们获得85%的收益，这是牛市行情中的收益空间。

总结

　　面对牛市过后的熊市行情，我们不必过度担忧。因为股价下跌期间总是会达到主力的持仓成本价位。即使股价下跌空间较大，跌破主力的持仓成本也是非常困难的。进入熊市以后，主力持仓数量已经不多，但是这依然成为我们确认局部行情买点的信号。当股价下跌至低位筹码峰对应的价格区间时，股价表现出来的底部信号是我们买入股票的机会。在牛市中可以获得翻倍利润，而在下跌趋势中，我们利用股价出现的超级反弹走势，也能够获得高达85%的收益，这是非常了不得的盈利状态。因此，不管是出于保值还是从主动获取利润的角度看，都是我们买入股票的机会。